如果你也想开一家花店

花店主理人养成笔记
Florist Cultivation Notes

向羽 —— 著

人民邮电出版社

北京

图书在版编目（CIP）数据

如果你也想开一家花店：花店主理人养成笔记 / 向羽著. -- 北京：人民邮电出版社，2023.8
ISBN 978-7-115-57611-8

Ⅰ．①如… Ⅱ．①向… Ⅲ．①花卉—专业商店—商业经营 Ⅳ．①F717.5

中国版本图书馆CIP数据核字（2021）第206059号

内 容 提 要

本书是一本花店经营类图书，但又不只是一本花店经营类图书。作者向羽不经意间在清迈看到一家美丽的花店，被粉色的浪漫打动，于是辞去了高薪白领工作，开了一家叫作不远的花店。

如今，她不仅将花店开得颇具规模，还经营起了香氛工作室、民宿……她活成了文艺青年向往的样子。但这些并不是所有……本书作者向羽通过讲述自己的经历，分享了个性化店铺的打造、开店思路，以及员工的培养、客户的维护等经营经验。从一个人苦撑，到培养出优秀的员工；从频频踩"坑"，到得心应手；从下定辞职的决心，到后来进行了更多探索……

跟随本书，读者可以看到，找到情怀和赚钱的平衡后，理想就在不远处。本书适合想要开一家属于自己的小店的人，也适合热爱生活的你阅读。

◆ 著　　　　　向　羽
责任编辑　刘宏伟
责任印制　周昇亮

◆ 人民邮电出版社出版发行　　北京市丰台区成寿寺路 11 号
邮编　100164　电子邮件　315@ptpress.com.cn
网址　https://www.ptpress.com.cn
北京捷迅佳彩印刷有限公司印刷

◆ 开本：700×1000　1/16
印张：16.5　　　　　　　2023 年 8 月第 1 版
字数：254 千字　　　　　2025 年 7 月北京第 9 次印刷

定价：99.80 元

读者服务热线：(010)81055296　印装质量热线：(010)81055316
反盗版热线：(010)81055315

愿你开好一家花店，

做一个坦然、快乐的人。

自 序

THE

PREFACE

这本书我断断续续写了一年才完成，交稿也有一年多的时间了。在这个过程中，我的很多想法发生了变化。每次重新打开书稿，总会发现一些内容跟当下的想法已不太相同。于是我想，我要如何写出一本老了再看也会认同的书呢？后来我又觉得，人就应该尊重和看到每个当下的自己啊。

　　编辑曾跟我商量想把这本书当成一本工具书来制作，我说千万不可，开店这件事自由度比较大，我所有处理问题的方式都非常个人化，这本书最多算是经验分享，若大家正好需要，便可获得一些解决问题的方法，如果真的能帮助到大家，那我会万分开心。

　　你认真读下去就会发现，我想要分享给大家的是处理所有事情（包括生活）的深层逻辑，即认识自我、探索自我。当你开始向内探索，世界就会"无穷大"，问题也会迎刃而解。

2023年

目　录

THE

CONTENTS

01 第一章

我是如何
拥有一家花店的

怎么就爱上了花呢

人生的第一份兼职就在花店，冥冥之中注定的啊

高三那年，我莫名迷上了丽江，书桌上贴着自己做的小海报，写一些向往丽江的句子。虽然成绩并不是太好，但在大家都为高考焦灼的时候，我几乎是轻松地享受已经没有课的复习日子，写一些有的没的，沉迷在对未来的幻想中。那个幻想，是对第一次想要独自去远方的沉迷，也是对即将独立生活的向往。

高考完毕，我去了西安姨妈家，原本家人的想法是让我换个城市好好享受漫长的假期，但我到达的第二天便出门寻找兼职工作了——为了攒钱独自去旅行。西安东大街附近有一条街叫端履门，当年那边有一整排花店，不知道现在是否也如此。有一间花店在店门上贴着招聘，我便跑上去问，能否只做一个月兼职。得到肯定的答复后，我开心地对陪着我一起找工作的表哥说我找到工作了。花店提供一个小宿舍，我收拾了一些简单的衣服便搬去宿舍了。40摄氏度的西安，闷热的小屋子里摆着高低床，空隙处塞满了做开业花篮要用的架子、各种竹条，真是拥挤得让人喘不上气来。

我随身带着日记本记录感受。

写这一节内容时，我翻了翻老箱子，将那一年6月的日记本找了出来，仔细地看了看当时的心情。

"我认识了好多花，康乃馨、勿忘我、情人草、非洲菊、满天星、兰花、百合，还有各色的玫瑰……"

"虽然每天能够看到很多包装得很贵、很漂亮的花，但只有一束花最让我动心——3枝红玫瑰，配了情人草，只用了一张玻璃纸包装，被一个十八九岁的很好看的男孩子买走了。我在想，那个姑娘很幸福啊。"

"好多不小心折断的花被扔掉了，我很是心疼，总想偷偷捡回来自己留着，可总是忙得顾不上。"

兼职的助理是没有资格上手包花的，于是我跟在一位姐姐后面帮她递纸，用剪刀把硬材质的丝带刮成弯弯的卷，看她灵巧地把一张纸折啊折就裹到花上去了。换水、洗花瓶时我在想，那么香的花，水怎么那么臭啊！半条街都是花店，反倒是很吸引顾客，但是客人并不知道该选择哪家，所以每家花店都会派人守在门外，如果有客人犹豫去哪家，便招揽客人到店。我常常被派去做这份工作。

18岁的我在40摄氏度的西安户外工作，不懂涂防晒霜，那一个月黑了约莫5个色号。但我心里真的好快乐啊，想要研究每一个客人或者想心事。那是18岁的心事，最好年华里的心事。那时的我可从未想过，十多年后，自己居然也开了一间花店，并且是一间有很多人喜欢的花店。

当年我兼职的那间花店的老板，不知道是否还在这个行业里；如果还在，是否听说过"不远"；如果听说过，是否记得当年那个不肯好好吃饭，做梦都想着要攒钱去丽江的兼职小姑娘。

离职的那一天，我特别用心地插了一个花篮，用了很多小碎花，觉得好看到不行。我拿去给老板看，老板叹息：唉，可惜要走了。

花店的名字我忘了，老板的名字我倒是记得，叫姚君，是很好的人。

我在门口揽客的座椅上睡着时，隐约听见身边人说话的声音，说老板来了要叫醒我，但老板轻声说，别叫了，让她睡吧。店里还有一位圆脸的姓陈的姐姐，以及一位短发姓杨的姐姐，都是"妙手生花"的人儿。如果有西安的同行看到这里，是否有人认识他们呢？

清迈那间闪着粉色光芒的花店真的存在吗

每个人都要来问一遍，后来我是怎么决定要开花店的呢？

度蜜月时，我去了清迈。

彼时，我的好友小蚕在柬埔寨的暹粒做民宿。在此之前，我常常处于觉得这辈子可能找不到合适的人的状态，整日和小蚕商量等把这个项目做完，我就要辞职，开始环游世界，先从东南亚开始，路线都安排好了。总归，在想象里，我应该是以酷酷的、横冲直撞的模样度完余生，不该一本正经地坐在办公室里做任务。

我在清迈度过了悠闲的几天，给喜欢的人写写明信片。写到小蚕在暹粒的地址时，顺便跟她视频聊天，我们莫名其妙地聊到了创业。之前小蚕无数次说：向羽啊，你真的应该创业，你很适合创业。小蚕从成都开始做酒店式公寓，春熙路头一家、春熙路尾一家，再到卖掉所有公寓去暹粒做民宿，后来做柬埔寨的旅行业务，现在和孩子搬去大理旅居，多年来，她一直处于自由职业的状态。我当时严重缺乏安全感，也舍不得那一份工资，担心万一过得还不如上班好。最重要的是我根本毫无目的，辞职后我能去做什么呢？但是，其实小蚕的话在我心里埋下了种子。当时住在宁曼路附近，我每天漫无目的地乱走，那一间粉色的花店就在其中一条街上，静悄悄地出现在我的眼前。

现在回想，它好似连招牌都没有，或者是我没有看清楚。

原来，改变你人生的转折点出现的时候，并不会电闪雷鸣般提醒你，而是在不经意间，默默地出现。如果更加不起眼一点，你可能就会错过。

推门进去，整间店都闪着粉色的光，展示区有一些花，冰柜里存放着一些花材，我那时候并不认识多少花，也看不懂什么，因为不懂，所以现在记忆里只有感受，没有任何细节。店主是一位男生，腼腆地对着我笑，我也不好意思说话，轻手轻脚地转了一圈便出去了。晚上再回到酒店，我整个人就被"点燃"了。仔细回想一遍，兰州是没有这样精致的小花店的。

嗯，确定没有。

那么，我可以开一家。当时产生这样的思考并不是被花吸引，而是我找到了一个想做并且兰州没有人做的项目，完全处于想做一件事，但是不知道怎么做的状态。所以，那间花店燃起了我期待已久的小火苗。

那是2013年10月。机遇与时间同样奇妙，它给你机会，让你改变。

2018年3月，我和一群好友再次去了清迈，在宁曼路上反复行走，但再也没有找到那间花店。或许是我没有找到，或许是已经搬了地方，或许，它已经不再经营。

我恍惚地想着，当年那间店的名字我都不知道，它那么小，除了粉色和店主腼腆的笑，我回忆不出什么其他的内容。

可就是那次遇见，成为我前半生非常重要的转折点，让我此后的生活轨迹完全发生了变化。

若不是遇见它，我如今又会是什么样子呢？

花真的可以治愈人啊

有一年过生日，我当时正处于往轻熟方向慢慢过渡的年龄段，厌烦了一大帮人去KTV唱歌，所以只与一位要好的女友度过了一个傍晚，她送了我一束白色的百合。那花被养在我的小公寓的飘台上，我悉心养了好久，看着它盛开，看着花粉泛出橙色，为它换水，剪根，清洁花器。

那段时间我下班就想着那束百合，回到家立刻就给它换水，让它干干净净地继续绽放。因为那束花，我天天收拾屋子，希望房子的状态是配得上那束花的。那一周，心里被那束花装得满满的。

再后来，我以花为生，感受就变了。时间越久，敏锐度越低，每日都见，好似就是一件平常的事情了，可是一旦远离花店，那个感觉便又回来了。度假时，我看见任何花都是欣喜的，要赶紧上前辨认是什么种类，想象着可以用它来做什么样的作品。

我算是擅长自愈的人，无论多么不开心的事情，都可以自己慢慢消化，外力几乎起

不到什么作用，只要我心里认为过去了就是过去了。所以，我最多只能描述我对花的感受很独特、很美妙，却几乎没有它治愈了我某一方面的实例。

所以，我只能聊聊两位真实的抑郁症患者，她们都是真实出现在我身边的人。抑郁症这看似不寻常的病症，其实在寻常地发生着，只是患病的人不常与人言。

以下，是她们的自述。

S：

若不是换了好几家医院都得到同一个结论，我是断然不会相信自己会和"抑郁症"这个词扯上关系的。

最开始只是突然有一天失眠了，彻夜睁眼到天亮，白天则浑浑噩噩、头晕目眩。接连3天无法入眠时，整个人就会崩溃。当一个人的睡眠机制不能得到保障，他身体的每一个薄弱环节就会崩盘。反复感冒，患上各类炎症、荨麻疹、腿疼脚疼……各种莫名其妙的症状此起彼伏，让自己一步步感到绝望、无助。情绪失控，毫无缘由地号啕大哭，以前觉得轻而易举的工作现在艰难得无法想象。不想见人，不想说话，吃不下饭，在别

人面前强撑着做一个正常人，一回家只想把自己蜷缩在角落，浑身无力，仿佛用一面墙把自己关在里面，任自己在一个没人看见的角落哭泣。在睡不着的分分秒秒，不由自主地思绪翻涌，想的全都是悲伤的故事，任由不可名状的悲痛、绝望撕裂了自己，望着夜空，心里想着体面地离开，又折返回来，告诉自己不能死。如此反反复复。

很大一部分抑郁症都是从失眠爆发的，但其实在失眠之前，抑郁症就已经出现了，如莫名地悲观失望，暴躁忧郁，对任何事情没有兴趣，社交焦虑，消化功能紊乱……只是这些都在默默忍耐中被忽略。所以，失眠只是压倒骆驼的最后一根稻草。也许，还有很多人其实也患有抑郁症，只是症状轻重不同。有的人一直忍耐着，有的人慢慢调节而好转，所以，抑郁症其实离每一个人都很近。

如果不是亲身经历，也许我不会真的理解"失眠"到底是一种什么样的体验。就如我的家人。当你恸哭着对最亲的家人倾诉的时候，得到的往往是敷衍和责备：不就是睡不着么，谁还没有睡不着的时候，不疼不痒的，能有多痛苦……所以，很多失眠病人，一直是默默抵抗，但身边人的轻视和误解，会把他们推向深渊。所以，不要自以为是地张口就来：你有啥想不开呢？生活这么好，你还要自己折磨自己，开心一点，去唱歌跳舞啊，去找人聊天啊，想吃啥吃啥啊！这样真的是愚蠢又无知。

你有没有去看过医生？当你对医生说出你的病症，医生仿佛一切都懂，他不会耻笑你，而且会对你的描述表现出感同身受，这时你会忍不住号啕大哭。是啊，你所经历的痛苦，只有神经科的医生懂。所以你不得不努力度过睡眠得依靠医生开的药物来维系、情绪得依靠副作用极大的抗抑郁药物来控制的极其难熬的阶段。每一盒抗抑郁药物的说明书都像一本小册子，所以药物的副作用可想而知，而且一旦开始服药就不能随便停止，因为抑郁症是一种治愈率高而复发率也高的疾病。很多人，包括我，都经历了复发，那是一种更为痛苦的体验。所以，抑郁症患者很有可能需要终生服药。

描述这么多，只是想让更多的人对这种病症多一点了解，让抑郁症患者少一些病耻感，这也许会让更多的人得到帮助。

我的病趋于痊愈是因为机缘巧合之下，我遇见了花。我自小就爱花，小时候的梦想就是开一家花店，症状严重的时候我心如死灰，可每每看到花仍会被触动，那花儿仿佛一个精灵，让我的眼睛有了色彩，让我的心中燃起了希望。我最爱的花花草草啊，满是生机，有一种力量在我的内心隐隐萌动。

在我略微好转的时候，我去学习了花艺，每天闻着花香，摆弄花草，全身心的投入让我忘了病症，竟然夜夜安眠！

后来，我有了自己的花店，小时候的梦想实现了，满室的芬芳就是我最好的解药。最重要的是，我被引领着进入了花的世界，一个自己梦想里的世界，我仿佛看到了一座座高山，这让我喜不自胜。望着那一个个花艺"大咖"的作品，我不停地踮起脚尖，嗅着它们的味道，如甘如怡。我感觉自己的身体开始吸收水分，慢慢充盈力量。

有一天，我的花艺老师发来一张我与花的照片，一向挑剔的她竟然说我很美，说我仿佛像换了一个人，我吃了一惊。仔细翻看自己从前和现在的照片，我突然发觉，是啊，真的像换了一个人！我的眸子有光了，我的笑容不再像面具而是由心而生，我的动作不再拘谨而是率性、自然。身边的人都说我越来越美了，我也不再否认。是的，我像是从旧的躯壳里挣脱出来的一个新的灵魂，我的躯体也似乎活了过来。那是花儿给我的力量，给我的灵气，是花儿给了我自信，让我找到了心之所属。

时间过了这么久，我仔细回想为什么自己会生病，发现是因为自己一直活在他人他物的影子里委曲求全，从而让自己一点点、一天天地蒙上了灰尘。病由心生，当所有的不良情绪没有向外的发泄口时，它们只能从内爆发。所以，我患上抑郁症是必然。只有听从自己内心的声音，发掘自己内在的需求，满足自己最想要的，成为自己最想成为的样子，你才会真正美丽，因为相由心生。

无论身处怎样的黑暗，都一定要努力地仰着头，寻找那星星点点的光亮，因为光明有核心，而黑暗没有。

H：

从一场噩梦中挺了过来。

我终于可以轻松地向旁人提起这段往事，可以坦然地接受所有的考验、放手和成长。

去年7月份我开始筹备花店，梦想刚刚起步，甚至还没有做好准备，就生了一场莫名其妙的大病。也因为这场病，我结束了一段原本已经订婚的感情。后来我真心感慨：患难见真情，多普通的一句话啊，但现实却多么残酷，不过也庆幸这一场病，让我放弃了我自以为一切美好的爱情。

只有老天才知道这一年我经历了什么。

我失去了很多记忆，不记得刚开始生病时的感受，只能听身边的人描述我那时的样子——没有安全感，话少，经常发呆，没有灵感，没有创造力，没办法做花，没办法拍照。去医院检查，两家医院的结果都一样——我得了抑郁症。

没有人相信天生大大咧咧的我会得这种病，包括我自己。

到现在我依然不清楚为何会这样，一切都是突如其来、不明缘由的。

我停止了一切工作，回到家里，爸爸带着我连续找了几家医院检查，结果还是抑郁症。

我开始治病、吃药，每天都无比痛苦，一阵一阵地产生失控感，不分时间段、不分场合地想哭，号啕大哭，想大喊、发泄，感觉在濒死或者疯掉的边缘。我从100多斤迅速瘦到80斤，肚子都是陷下去的。爸爸操碎了心，哭着说希望我的病都生在他身上，让他难受，不要折磨他的女儿了。

我每天无数次地告诉自己，要振作，要坚强，要好起来。世界那么美好，还有那么多美丽的地方没去过，还有那么多美好的人没遇到，一定要好起来。

在父母身边待了3个多月，身体开始好转，于是我慢慢回归工作，每天与花儿相伴。妈妈一直陪在我的身边。

除了抗抑郁的药物，花儿应该就是那个最厉害的"良药"了。我每天除了睡觉、吃饭，其他时间都在工作室里养花、拍照，虽然水平下降得自己都看不下去，但还是慢慢变得开心起来。

私下里，我是一个把日子过得无比糟糕，有能依靠的东西自己绝对不会动一根手指头的人。我能一个月不打扫屋子、不洗衣服，饭能蹭就蹭一顿，蹭不上就饿一顿。但唯有在做花和拍照这件事情上，我不放心任何人，必须要自己亲力亲为。我愿意为花儿花心思，琢磨如何让作品变得更美、要怎么搭配色系，研究喜欢的花艺师们的技法并进行学习和练习。

我坚持最久的事情就是做花和拍照了，而且越来越热爱，这份热爱真正在心底扎了根。

现在，距离生病过去一年了，我的身体恢复得很好，停了药，做花和拍照的水平有一些提高，很多事情也能慢慢想起来，开始读不同的书，交新的朋友，接受了新的感情。

虽然这一年就只做过一个自己给了80分的比较满意的作品，但还是谢谢花儿，它们给了我安全感，让我看到了希望，让我安静下来，让我活得越来越真实、越来越坦荡。

也感谢自己，勇敢地挺过来，走出来。

还有另一位友人，她说在自己最灰暗的时候，陌生的环境更能给她安全感。她曾经在广州植物园里露宿了一夜，因为觉得植物比人更让她有安全感。

我们没有过那样的境遇，无法想象他们究竟经历了什么，所以"感同身受"真的是一句不切实际的话语。每当听到类似的描述，我都没有办法做出有力的安慰，说出来的任何话语在不可名状的痛苦里都显得浅薄。

庆幸有花儿，这些不会说话的精灵用脆弱、娇嫩的身躯散发着神奇的力量。归根结底，与其说是花儿的力量，不如说是美的力量，或者梦想的力量。

嗯，别停下脚步。

那些百转千回的辞职念头

并不是辞职的人就是"牛人"

在辞职开花店之前，我在房地产行业工作了8年，这8年时间里，辞职的念头真的是百转千回，这个念头其实并不单指要离开这家公司，大部分人想要辞职的理由是"我要改变目前的状态"。那么，你究竟有没有好好想过，你想改变的究竟是一个什么样的状态？

现在回想我在公司的最后几年，其实算做得挺好了——公司中层，月薪不错，买了自己的房子，跟着一个项目，管理一个团队。我其实现在也想不明白，为什么当时我对那份带给我在这座城市安身立命资本的工作那么排斥和反感。现在看见好看的职业装和高跟鞋，我就会很怀念从前在公司的日子，辞职后我再也没有穿过高跟鞋了，但当时我好像陷入了一个认为辞职就很牛的怪圈，莫名羡慕离开传统工作圈子的人。

我当年的同事，也有继续在那个行业里坚持的，现在做得非常好；也有跳槽离开房地产行业的，凭着积攒的经验在其他行业做到高层；当然也有原地踏步的，甚至还有越做越不好的。所以，做得好与不好，最重要的是有没有明确的自我设定与目标，与在哪个行业并无太大关系。我若依然待在房地产行业，现在应该也不错。这是性格使然——我喜欢赢。

所以常有人问我，你是怎么下定决心辞职的呢，我也想辞职，可是我不敢，或者我舍不得，或者有其他一些理由。

想要辞职做另外一件事情之前，先问问自己以下几个问题，再决定是否要辞职。

1. 你的经济收入是否决定着家庭生活水准？家人是否支持你的决定？

家人支持是非常重要的一个因素。如果得不到支持，或者与家人产生矛盾，在看不到产出的前期阶段，将非常难熬。

2. 你对目前从事的行业是否再也提不起任何兴趣了？

有句话说，如果你30岁还没有找到热爱的事情；或者找到了，但40岁还没有跟它在一起，那么往后的日子会越来越难熬。

3. 目前所做的工作是否让你看不到任何上升空间？

上升空间是一个很重要的考量因素。如果你的上司没有办法带给你新的东西，公司没有明显上升的势头，而你身处的位置基本到了天花板，那么，你必须好好考虑未来了。

4. 你是否已经明确了辞职后的方向，并且充满热情？

常常有人辞职了但不知道要干什么，一旦思考的时间过长，懈怠的状态持续影响，热情就会被逐渐消磨，这很可怕。而当你对一件事情心心念念的时候，你会时刻对它充满热情，想到它就觉得充满力量，这便是一个好的开始。

5. 你愿意为新项目投入多少资金？是否做好了失败的准备？

我在做投资之前，要先计算，如果这笔资金收不回来，对我会产生什么影响。如果答案是没有什么大的影响，那么OK，开始吧。所以，开始新项目之前请你做好最坏的打算，愿意承担并且确保自己可以承担后果。

6. 如果只是因为觉得上班累而辞职，那么你知道创业会更累吗？

我在公司上班的时候好歹有周末，现在却连晚上做梦都想着工作，这不是开玩笑。

其实，这些问题只是用来确认你辞职不是因为一时冲动，不是受旁人影响——请认清自己真正想要的生活，以及未来许多年你将拥有的工作状态。

当然，从我的角度来看，辞职创业确实带给了我很大的改变，除了一些显而易见的层面，我认为对我最大的帮助是提升了我的思维逻辑。回头看我在公司上班时的状态，客观评价，我并不是一个好员工，没有全身心投入。

这大概就是上班与创业最大的区别。亲身感受是一个不一样的状态，一旦你开始创业，思路将会变得无比清晰。前因后果，投入产出，如何着手，如何落地，如何解决问题，将一个一个在你脑海里浮现。即使处于迷茫期，你也会积极地寻找各种途径获取助力，渴望得到解答，这是大部分人在公司上班时不会有的状态。

当你创业后，你便会明白，上班时，有老板帮你担着责任，告诉你如何解决问题是一件多么幸福的事情。所以，虽然辞职念头百转千回，但我依然是在反复明确了自己想要做什么，怎么做，如何开始，从哪儿入手之后才辞职的；并且，辞职后我没有停下，立刻着手进行下一步计划并迅速推进。

所以，你知道怎么办了吧。

细枝末节处的"职场后遗症"

当你在一份工作里停留了很久才选择离开，你会发现自己有太多细枝末节的地方被打上了烙印，并且无法改变。

在工作了8年的那家公司里，我幸运地遇见了两位良师益友，有很多事都是他们帮我挽回的。我因为失恋闹辞职要休假，老板无奈帮我安排其他人顶班。后来发现，若是那时候老板不吃我拿辞职吓唬人的那一套，我可就是失恋又失业了。可是，失业比失恋可怕多了。

有一次跳槽失败，新公司因为一些问题一时无法落地，但那时我在原公司的辞职手续都办妥了，回也回不去，羞愧得难以面对，跑去云南胡乱混了一个多月。我心里难过，又假装无所谓，焦虑得像是身上有一百只毛毛虫爬来爬去。老板后来给我打电话说，回来上班吧。我当时真的要感动哭了，第一次意识到工作是这么重要的一件事情。

那次回去之后，我整个人变了样，把以前特别热爱的那些关于旅行的书全部都封箱收了起来，心里再也不想什么要流浪、要自由。我买了一大堆专业书籍，有工作的时候就认真完成工作，没工作的时候就看书、记笔记，坚决不在工作时间内做任何与工作无关的事情，哪怕玩一下手机都觉得对不起我老板。

后来，这个习惯一直延续到现在，即使我已经是老板了，也从不在上班时间追剧、睡觉，觉得做这些对不起自己的工作，也对不起自己的时间。

上班时，老板要求哪怕是休息日也必须24小时开机，保证随时可以联系到。那时候，我像是得了幻听症，总觉得手机在响，可是被我错过了。于是我的手机永远都是捏在手里，电话第一时间接，信息第一时间回，一直到现在，也是这样。同样，我也要求我的客服对客人的信息"秒回"。秒回这件小事对于客户来说，就是沟通时最大的安全感。

回复"收到"。

不论是对于上司的工作安排，还是下属的工作汇报、同事间的事务沟通，回复"收到"可以让对方及时确认你的接收状态，真的是最基本、最可爱的职业素养了。

要对自己所负责事务的每一个细节都认真、谨慎。

我曾经在一个重要的招投标公告中，将邮箱写成A邮箱的前缀、B邮箱的后缀，导致公司无法接收全国多家代理公司的邮件，要重新联系对方发送。我老板当时只是抬起头意味深长地看了我一眼，然后继续忙碌，但我被那一眼看得想找个地缝钻进去，然后抽自己几巴掌。自此之后，我在发布文案前都会反复检查，确保无误。

少说"大概""可能""也许""似乎""差不多""吧"，你要知道在自己的专业领域说出"我不清楚""我不知道"是一件多么尴尬的事情。跟它类似的就是那些不确定句了，当我产生不确定感的时候，都是立刻回复"稍等，我确认一下"，而不会是"差不多吧""可能是的""大概可以""我不知道"。这些是非常不专业的回复。

被老板带在身边锤炼那么些年后，我再也不敢随意做事。被安排做任何一项工作，我都会摸清楚来龙去脉，往前询问几个步骤，往后多想几个可能，带着解决方案、想好备用计划再去回复，对其可能引发的其他问题全部一清二楚，才算是完成了这项工作。

后来，我独自带项目、带团队，在异地工作，两地奔波。做了老板，便更加知道好员工是什么样子；做过员工，我便也知道大家想要的老板是什么样子。我的两任老板都是骄傲的人，做人、做事都是坦坦荡荡，我跟着他们从未受过委屈，从未当过"炮灰"。

即使我们已经不再是上下属，这么多年也依然保持着联系。工作行业不同，有时候想要征求意见已不合时宜，但我总是会想，如果我是他们，这件事我会如何处理。

我利用这样的方法抉择过很多事情。我希望十年后，我现在的员工依然能够与我保持着联系，遇事会来问：老板，若是你，你会怎么办？那么，我便是一个很棒的人了。

安全感与自我认知

常有人问我："你是怎么勇敢辞职的呢？我也想辞职，可是我一旦辞职，就完全没有安全感了。"安全感这个东西太奇妙了，当你有了自己设定的安全感，做一切事情都不再害怕。比如以前，我的安全感是工作，不管发生什么事，都会想到至少我还有一份工作啊。后来，我的安全感变成房子，不论发生什么事情，都会想到幸好我还有一套房子。再后来，我的安全感变成银行卡中的数字，只要这个数字在我的安全值以内，我都会觉得没什么大不了。

虽然那时我辞职的念头百转千回，但是我一次也没有落实过，好似在等待一个巨大的保护罩。后来我下定决心辞职，是因为结婚了。彼时，我的另一半也只是一家公司的普通中层，如果我辞职后，创业不顺，以对方的薪水，养活全家也很紧张。但是我依然风风火火地辞职了，觉得身后有人，反正饿不死了，但现下，有谁会被饿死呢？这完全是感受在作祟。所以后来辞职的安全感来自人。你看看，工作、房子、钱、人，每一样都是身外物。我讨厌我的安全感被身外物掌控。

有一次，与友人聊天。她是一位胶片摄影师，有一个6岁的儿子，订单时有时无，也没有完全属于自己的房子，有一次与先生闹别扭还离家出走了几天。她并无存款，对钱也没有概念，有钱就花得很开心，没钱便节制，并不因此而觉得有什么大不了。

我问她，你对安全感的定义是什么？她回答：自我认知——清晰地知道自己要做什么，为什么做，去哪里，走什么路。与她相比，我即使现在拥有了品牌、房子、存款，却好似并不比她更有安全感，拥有的越多反而越怕失去。我告诉她，成年人失去了要脾气与说气话的权利，所有说出来的话一旦失误便变成了刺向自己的刺，因为这是你自己说过的话。你要永远保持理智、平和，因为你是成年人。她给我回复，我才不管，你也别管，做别人口中的成年人太无趣。

这两段话说明，相比于她，我在刻意保持形象，我希望自己是一个成熟、理性，平和的领导者、创业者，我希望在我的员工眼里、客户眼里、一切人眼中，我是一个不太会出错的人。我总觉得一旦出错，便会毁坏什么，从而影响我小心维系的由外物所构建的安全感。而她的安全感来自内心，对我有所影响的因素无法对她造成任何影响，所以我纠结的这些在她看来根本是不需要困扰的点。她做什么，是什么样的人，有着怎样的行为，她的价值或者优秀与否，不需要任何人来评价，评价对她也没有任何意义。

我们一起去国外旅行，我特意为旅行买的墨镜忘记带了，我在飞机上一直处于懊恼状态。她告诉我，你已经忘记了，现在也没有任何办法解决，懊恼有什么用呢？忘记就忘记了，没有办法改变的事情那就继续向前吧。微博上有人评论她的长相不佳，我气得要去帮她要说法。她说不用啊，我不在意，既然又不认识他，干吗要在意他认为我好看或不好看呢。

当你的安全感完全不靠外界建立时，大概就是真正的、非常坚固的安全感了。

忐忑不安，毫无美感的第一年

辗转反侧的第一夜

现在回想起我刚起步的时候，实在是"不忍直视"。

常常有微博粉丝会给我们刚开店时的某一条微博点赞或评论，猛然出来一个提醒，我看到消息的第一反应就是赶紧删掉那条微博，连留着做进步对比的心思都没有。

现在回想，不远作为比较早的一批定制花店，既有提早占领市场的优势，也有无从学起、唯有自己摸索的艰难。那时的学习环境不如现在这般开放与多元化，我其实都不知道该去哪里学习，因为毫无选择和对比，于是最终去了一家传统花艺学校，学了一些我至今也没有用上的技法。

对于花的认识也是匮乏得可怜，我分不清永生花与鲜花，只要是没见过的，我统统认为可能是永生花。我分不清花泥插花和瓶插花，疑惑花朵到底是怎么放进去的。每当有人告诉我一个小小的知识点，我都恍然大悟。

那时候兰州市的花材也非常匮乏。还记得我做第一个手捧花时，想要在其中加入绣球和桔梗花，这些现在看来如此普通的花材在那时的市场上都没有现货，需要提前预订，花商才会发货。他们担心这种受众少的花材进货回来卖不掉。

对鲜花认识的缺乏和对学到的鲜花制作技巧的不认同，让我决定先不做鲜花，而是从永生花开始做。于是，我买了一大批永生花的材料，尽管它的价格贵上天。除了主花还要买配花，花的颜色还要不同；买了这个色系的主花，就要买相应色系的配花……最后花了不少钱。

到货之后，我信心满满地看着铺了一地的永生花材料，心里想着：不就是把它们插进去吗，我马上就要做出一批艳惊四座的花艺作品了。结果，4个花盒，我做了一整晚。

做了拆，拆了做，做了再拆，拆了再做。

我绝望地一次次把花盒拆掉，整个人都不想动了。那些花材反反复复地被搭配来搭配去，各种组合都尝试过，依然不是我心中所想。现在回想，色彩知识的缺乏，花材的选择种类不多，可搭配性少，丰富性无法凸显，这些都是当时存在的问题。其中最重要的问题是色彩。

我没有任何美术设计功底，在此之前没有认真接触过色彩，不懂得搭配原理。传统花艺学校不讲色彩，我对此亦一无所知，只知道看起来不好看，却不知道如何修改。所以，那一夜是难过的一夜。

最后，我硬着头皮做好了4个花盒，拍了照。照片上它们看起来鲜艳夺目，我便勉强让自己过关了。没想到偏偏是这4个花盒，让大家打开了对花店的新认识：原来除了用玫瑰、百合、康乃馨、非洲菊做成的花束，还可以用精致的丝绒盒子来装花。

这是我的运气，占着天时地利的运气。我的良师益友——前老板看到我发的朋友圈，说："来，我给你开个张，要两个花盒，别给我优惠，该多少就多少钱。"我激动不已，赚了创业后的第一笔800元钱，那两个花盒在她家整整摆放了3年，一直到她搬新家。

"来，我给你开个张。"

现在回想这句话，它对当时的我来说，真不是开个张那么简单，而是给了我很大的信心。不管什么原因，我的第一批作品没有滞销，没有摆在家中很多天没有动静，这便是很大的鼓励，是激励我想要做得更好的开始。

我知道色彩有问题，可是怎么改呢

色彩，是我当时遇到的最大的问题。

其实它也是我开始教授花艺之后，发现的很多学生遇到的最大的问题，但很多人不自知，恰如我当时一般。

第一次被人指出色彩有问题，是我做了一个香槟色的花盒，里面加入了深紫色的勿忘我，发朋友圈后还有人说"哇，好好看"。然后，一位西安的同行回复说色彩有问题，我便立刻回复询问怎么更改。尽管他提出了修改意见，但因为我对色彩一无所知，所以我还是不知道如何改变。

这给我造成了巨大的心理压力，一旦有客人订花，我整个人便处于紧张状态，不知道该怎么进行色彩的搭配。红色、绿色、紫色、玫红色，每一个颜色都好看，但究竟能不能搭配？有的作品自己觉得很好看，但是因为不自信，我总担心发布后会有人来点评，说这样是不对的。

当你缺失基础知识的时候，外界的声音就会显得格外大。

后来我买了一本关于色彩的花艺书籍，只要客人确定了主色系，我就赶紧翻书，看书中的相同色系里都搭配了什么花。可我这是照本宣科，不懂内在，当兰州本地找不到某些花材时，便又陷入了困境。所以在那几个月里，我一直处于心虚的状态，知道色彩有问题却不知道怎么更改，也不知道该去哪里学习，只能恍恍惚惚地做着花；但可能因为客人比我更不懂，所以一时没有人提出异议。

后来在微博上看到成都小李哥的花艺作品，我觉得太好看了，于是私信询问他是否教授学生。得到肯定的答复后，我欣喜若狂，立刻交付了学习的定金。

其实在此之前，我还联系了一家成都教手工布花的工作室，但对方得知我是孕妇后，拒绝了我，交过去的定金也被退了回来，我理解对方的担忧，但还是忍不住大哭了一场。对未来太期待，便不忍浪费时间。在得到小李哥肯定的答复时，我已经生完朵拉4个月了，感谢我的家人帮我照顾好一切，让我无任何障碍与后顾之忧。

那是在迷茫、不知所措的时候，抓住了一根救命稻草的感觉。

在小李哥那里，我第一次对色彩有了认知，知道了同色系搭配、类似色、对比色和互补色，但是知道概念和学会运用还有很长一段距离。其实现在回想，那时候对于色彩虽然还是一知半解，但我内心已经有了踏实感，知道有问题该问谁，有了一定的理论知识做支撑，做起花来也自信了不少。搭配好颜色，我也会从更专业的角度去欣赏了。

我对色彩的更深入的认识，其实是在日常的制作中锻炼的，这让我的制作思路也逐渐清晰了起来。在制作订单中探索，再回头去看关于色彩的专业知识，如色环的渐变、度数的计算、明暗的对比、主色调与辅色调的比例等，我渐渐地理顺了色彩关系。

一直到现在，我看到没有尝试过的颜色，依然会研究颜色的配比，找寻其中的规律，然后跟自己心里的认知做比对，一点一点地理顺思路，尝试去做这一类别的色系搭配，用实际作品来做演示。我心里清楚，这便是解锁了一个新配色。

色彩的搭配其实从另一层面验证了审美水平。尽管我一直认为自己的审美水平还可以，但是在陌生的领域还是会一头雾水。我在搭配穿衣的时候明明很懂，可是在花的搭配上，怎么就完全蒙了呢？当然，在知识很匮乏的时候，提升也是非常迅速的。前一年觉得很好看的作品，今年再看就完全无法入眼了。

我想要告诉和当时的我有着同样困惑的新手花艺师们，现在的学习途径非常多，有关色彩的知识也已经成为花艺学习的必备课程，任何关于视觉艺术的学习都无法绕开色彩。要做到了然于心，30％是靠一位指点迷津的好老师，剩下的70％要靠自己大量学习。浏览图片也好，看电影也好，研究海报设计及品牌发布的色系搭配也好，一切视觉艺术都需辅以大量的练习、实践、分析、思考，这样做才可能获得自己想要的结果。

学习这件事，是永不能停止的。

允许自己的不完美

在成年人的世界里，承认自己错了是一件很难的事情。大部分人沉浸在自我催眠式的自言自语里，为自己开脱，找尽理由。当你置身事外来看，这是一个很可笑的行为，旁观者看得清晰，当事人喋喋不休。而让你承认自己在专业方面并不专业，几乎比认错更难上几倍。

　　我在开店第一年的妇女节推出了一款花盒，那时候我刚开店两个月，那款花盒配的是玫红色、黄色、紫色的玫瑰，现在想来真是不忍直视，但当时我只觉得它颜色鲜艳，花材又娇嫩欲滴，实在是很美好呢。

　　发出它的图片不久，一位并未买过花的客人发来私信，委婉表示花的颜色可以更协调，图片上看起来有点混乱。我当时正处于色彩搭配的心虚期，内心底气不足，自己未经开拓的审美偏偏认为那款花盒很好看。我仅有的自尊一下被捅开，整个人像刺猬一样立刻呈现攻击状态。我回复他：你没有从事这行，并不懂我们的状态，如果要搭配出你说的样子，要购买很多的花材，但是做生意还要考虑成本，这些你自然不会知道……

　　对方再未回话。

　　现在看来，我的回复真是驴唇不对马嘴，人家说的是色彩搭配问题，我回应的是成本问题。大约过了3个小时，我从下意识的攻击状态里清醒过来，反复看我们的对话，羞愧得想藏起来。

　　我习惯把内心所有的情绪表达清楚，比如喜欢一个人，讨厌一个人，想要与一个人断交，想要讲清逻辑，想要承认错误、说清事实，等等。当天的任何一种情绪没有表达清楚，我都无法安然入睡。于是，我深呼吸几次，再次回复了一段话，大意是：感谢指出我的问题，刚刚的回复不好意思，反复思考后发现我的色彩搭配确实存在很大的问题，但是被人这样指出来，一时间面子挂不住、情绪绷不住，所以找了一大堆借口，再次感谢给我提的意见，我会抓紧学习，希望能尽快改善色彩问题。这次对方很快回复了一段鼓励的话语。我松了一口气，觉得可以安然入睡了。

　　承认自己的不好，后来的日子才会变得越来越顺畅。

　　现在，听到对立的专业观点，我都会立刻反省自己，因为没有人想要与别人吵架，但凡能够提出意见和建议的，都是难能可贵的诚心人。我发现，承认自己的不美好，并没有那么难。在大部分人都拒绝承认的时候，我坦然承认，并开始积极思索解决办法，这让我进入了平和的状态，这个状态让我清晰地看到了自己的成长。

　　平和的状态是一种非常"高级"的状态。反复重申可能并不能改变什么，但坦然却可以让你获得尊重。创业其实是一个自我完善的过程，在公司上班很难有的状态在创业

中都会不可避免地一一体会，而如何处理、如何跨越便决定着你能否得到成长。创业就像打游戏，遇到的每一个困难就像关口的小 boss（游戏中首领级别的守关怪物），只有通关后才能继续前行。创业不停止，困难也将不停止，永远没有一劳永逸的方法。

而承认不美好，学会审视自己，只是一个小小的开始。

那些没有订单的日子里

没有订单的日子里，我都在做什么

刚开店时，一周大概有三四天有生意，有三四天没生意。我不太擅长主动攀谈，性格也还有些骄傲，便没有为难自己去刻意拉生意。辞职时，我心里便想好，从此再也不为难自己了。没生意的日子里，我也不无聊，每天好似仍然有很多事情做。

可能是因为店铺房租并不高，也没有什么员工成本，我并没有什么压力，轻松又自在。大约那个时候的我，才是大家想象中花店老板的样子：午后悠闲地插插花，拍拍照，喝喝咖啡，跟友人在店里聚会聊天。店里有两张20世纪80年代的老沙发，是房东留下来的，质量好得搬来搬去好几次也没有散架，依然结实。于是我买了布，量了沙发尺寸，每天下午阳光好的时候，都坐在门口自己缝沙发套。

到了5月，兰州附近的小镇子——苦水镇盛产玫瑰，有很多特色玫瑰周边，如玫瑰精油、玫瑰水、玫瑰花茶。我便开了几十公里车过去，挨家挨户地找农户，买他们家里晾晒好的玫瑰花苞泡水喝。

那些花苞不是用硫黄熏干的，都是农户在晴天下一点一点翻晒晾干的，味道实在是好闻。我便上网淘了好看的小瓶子，把花苞装进去，贴了花店的贴纸，绑上丝带，摆成一排，进店的人都会带两瓶走。我搜索了制作玫瑰酱的方子，把很多新鲜的、没有晾干的玫瑰带回家，买了白糖和玻璃罐，将玫瑰全部腌制成了花酱。

后来我还遇到一个很棒的茉莉花茶的供货商，于是便把茉莉和玫瑰都装进好看的小瓶子一起出售。

7月，到了新疆伊犁的薰衣草季，我便买了大量的薰衣草花籽，定制了小小的麻布抽袋，把花籽装进去，再小心翼翼地封起来，很多客人会买回家，放在枕边以改善睡眠。

我会从绿植园里找一些喜欢的植物，如薄荷、茉莉、栀子花及茂盛的蕨类，然后为它们换上好看的盆子，悉心养护，拍照分享在朋友圈后，便有人特意找上门来购买。

这些东西从前没有吗？一直都有。

大概只是缺少一个人发现它们，并且把它们以一种便利的方式放到大家的眼前。那段日子，我总结了很多生活中的小美好，然后尽力把它们变成我可以制作出来的小东西，分享给大家。这在当时遍地都是的传统花店中是没有的，所以，这大概就是大家口中的"小确幸"吧。

这些东西为我赚了很多钱吗？并没有，每一样的售价都仅是几十块钱，但正是这些美好的小物件，让我成了大家心里一个想起来就觉得惬意的存在。那些玫瑰花瓣、薰衣草花籽、清新的薄荷，让不远变成了大家心里一块宁静的小地方。

感受易成为先入为主的认知，你对自己的生活和品牌的未来一定是有想象的，想象中的你是什么样子呢？那就用想象中的样子去认真生活吧。

夜晚都是"万马奔腾"的时刻

夜里睡不着的毛病是创业后开始的。白天人声嘈杂，在一片慌乱中我不能静下心来。夜深人静，我的思绪往往连贯又清晰透彻，追寻源头和探索方向都非常迅速。我的很多想法都是深夜冒出来的，因为担心忘掉，常常半夜爬起来用手机或者纸笔记下来。有的想法白天再仔细研究会觉得过分夸张、无法实施；有的在白天看来依然觉得是个好点子，便会被列入执行清单。

夜晚与白天，我好似是两个人。白天的想法总是谨慎些、羞怯些，夜晚的想法总是更大胆些、无畏些。创业初期，我晚上总是睡不着，脑子里想的全部都是要做些什么才可以让不远变得更好，要怎么开始执行，要从哪里开始，每一步都清晰地出现在了脑子里。想法翻腾得不行时，我经常凌晨3点爬起来去书桌前一行一行将想法写下来，依然睡不着便查找资料，着手准备。被一件事情折磨时，解决的方法就是动手去做，这样心里会立刻踏实下来。

后来，生意渐渐有了起色，我晚上还是睡不着，总担心万一明天不好了，万一下周不好了，万一下个月不好了，我应该怎么办？脑子里便又有了新的想法，并且真在弯弯绕绕里摸索出一条路来。一旦给自己设定的坎儿找了一个备用的方法，心里便能渐渐踏实下来，好像有一个备用方法在，每天便能安安稳稳地过下去。

我的忧患意识强烈，常常未雨绸缪。经常还没有别人设置障碍，我先给自己在想象中设置障碍，然后又自己想象应该如何解决。这就好像是明天要考试，今晚又把所有的重点复习了一遍，便安心了。

再后来，生意稳定了，我开始担心作品，觉得作品实在不好看。忙完所有作品的事，终于到了睡觉前，感觉完全属于我的时间才刚刚开始。看喜欢的博主的社交平台，学设计、软装饰、摄影、花艺，所有与美相关的事物都可以引起我的兴趣，这促使我仔细研究了每一个呈现的作品的搭配、布置、光线、饰物、高低、层次、配色、形态。看得多了，好似发现了更加沉稳的自己，心里便又踏实了些。

我也总能抓住一些突如其来的灵感，整个人像被点醒了一般，拽着一点点苗头，把所有的思维线索往外扯。深夜里，我常常激动得翻来覆去，恨不得将身边人摇醒陪着我一同奔腾。

也是在一个又一个睡不着的深夜里，我探索出了关于品牌以及自己的无数的可能性，想出了一个又一个在当时的我看来精彩绝伦的点子。就这样，我从睡不着，到舍不得睡，再到无比珍惜睡前天马行空的时光。

有一天的凌晨一点，我将新的思索关键词都记录在记事本之后，更新了一条私人微博。

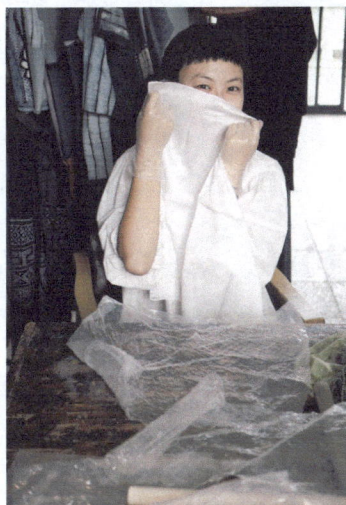

我在世界还有声音的时候做一个普通人。

在悄无声息的时候不由自主地进行思维探索。

每到深夜便因奔腾的想法无法自抑。

很多个美妙的点子都是在这种时刻冒出来。

2018年真的是我最艰难也最棒的一年。

技法不再来源于别人。

自我认识，自我解脱，自我挖掘。

我的心里居然装着无穷的宝藏。

当发现天马行空的想法最终都可以落地的时候，

我真爱我自己啊，感谢自己，没有随波而行，而是坚持着，走出了新的开始。

要怎么描述那些美好呢？

快得抓不住，没仔细看，又跑了。

灵感总是转瞬即逝，实现它，它便能永存了。

我在每一个深夜都能探索出一个新的自己。

在每一个白天，便又是一个新的我了。

坚持自己的信念，勇敢地走下去

估计很多人都是这样的吧。

我不好意思主动推荐产品会员卡，不好意思为了让对方帮忙而特意结交，连找朋友帮忙，先寒暄几句再不经意拐到正题都不好意思，我从来都是开门见山，免得自己一时拐不过去话题，也省得对方一直猜测我要干什么。所以，在被很多学生问到不远是怎么做营销的，不远是怎样增加微信好友人数的，不远是怎样推广零售业务的问题时，我总是不知道该怎么回答。我们没有做过任何需要付费的，甚至只是需要主动出击的营销。但这并不是好做法，如果有一家和我同时期发展起来的品质差不多的花店，而这家花店擅长主动出击，那我一定被远远甩在了身后。

我在开店初期，其实也设想过如果完全没有人购买我应该做什么，列了一大堆可能要用的方法，什么送给"大V"礼物让其帮忙营销，与电影院商谈在人流量大的时候送花增加客户量，等等，最后一个都没有用。当我需要变成一个"商品"让对方来挑选、决定的时候，我实在拉不下脸。

当然也有很棒的正面例子。我的一个学生带着员工扫楼，送小蛋卷、花束，不要求对方扫码，只说一句"您有用花需求时可以通过这个二维码联系我们"，然后在写字楼里一家公司一家公司地送，这种不强迫的方式为她带来了不低的转换率。

充分了解自己的员工并给予充分的信任。

有一个甲方企业全年的客户花礼全部由我们来负责。有一次，一个客户对服务不满意，投诉到了甲方经理那里。经理给我打来电话，说客户投诉的点是不远的客服不礼貌，对客户不耐烦，语气中透露着不想派送的想法，并且还提前挂电话等，要求我们立即给客户补送一束花，并由当事客服给客户打电话道歉。

我听完的第一反应就是完全不可能，我太了解我的两个客服了，她们遇到再难缠的客人都一定会保持礼貌。吵架这种事一般都是我上场，我的员工中没有任何一个人敢和客户争论。

我非常坚定地回复过去：我根本不用询问客服，你说的这些状况完全不可能发生。对方回复：不管什么情况，你都必须道歉，立刻把客人哄好才是最重要的。

我觉得不可理喻，然后没有细想就回复道：你们可能会因为客户生气，不管自己有没有错都先道歉，不远可不是这样的，我会让客服先问清楚原因，是我们的责任我一定承担，如果是客户无理取闹，我们绝不可能道歉，我宁可不做你这单生意。

对方语气一下子软了下来。后来问清楚发现，客户生气只是嫌弃花不够大气，觉得不够尊重他，客服只是很委屈地背了锅。

讲述这些并不是说我们多厉害，而是说每个人做事都带着强烈的自我风格。这些天生的东西可能难以更改，对做好事情也许没有帮助，甚至有一些负面因素存在，但是在不伤害第三方的情况下，能够坚持做自己是一件很不容易的事情。

我不是一个圆滑的人，做不到八面玲珑，并且讨厌表面关系的社交，这些也是当初选择创业的一部分原因。后来我发现，并不是创业就没有这些问题了，依然要看自己如何选择，只是现在，选择权落在了自己手里。

也许，这让我失去了什么，但也一定让我得到了什么。

谢谢自己，没有变成另一个人。

好的老板，是一位引导者

别担心你的手艺要教出去

我相信很多花店创业者在初期都考虑过的一个问题是：员工来我这里工作，我把什么都教给他，结果他走了，自己开店，威胁到我的生意怎么办？我在初期确实也担心过这样的问题，后来发现，做花这件事带有太多的个人因素，即使是我一手带出来的员工，离开不远自己创业以后，做出来的作品和我做的作品依然不一样。

手艺这个东西，只要想学，即使你不肯教，别人也总有地方可以学。当员工也好，当学生也好，书籍、线上课，现在的学习途径已经越来越丰富了。也就是说，只要认准了这一行，不论通过什么方法、途径，他最终都会成为你的同行。

这么一想，那就开心地建立雇佣关系吧。

刚开始，我是避免让员工知道渠道消息的，所有的进货途径、资源都在我自己手里，所有的购买都需要自己操作，总觉得这些东西是店铺很核心的资源。后来我想要培养店长，可是店长都不会自己订花。订花是一件大事，要懂配色，懂花材的形态搭配，熟悉渠道，知道怎么提货等。如果你舍不得教别人，就永远没有办法让自己从最基础的工作中脱离出来。

于是，我将进花的渠道和方法教了出去，然后，整个人都轻松了很多。

再后来，我开始培养员工的独立成长能力，让他脱离老板也敢于下决定与承担责任。这一点，与其说是很多员工都做不到，不如说是老板没有给予足够的信任和放权，你总担心员工做不好，那么他做不好的可能性就很高。

我的店长第一次完全独立负责婚礼用花，我是彻底放权的。在此之前，她已经跟着我做过很多次活动，看着我如何做设计、谈价格、商讨细节、进花材、现场执行、后期撤场。所以那场婚礼，我希望她是完全自信并拥有分配工作以及指挥现场的话语权的，于是，从头至尾，我一点意见都没有提。她有些不安，说老板你看看吧，你看了我才能安心，但被我拒绝了。

到了实际执行的那一天，我跟着去了现场，但是全程玩手机，没有参与。等制作到差不多一半的时候，我进场看了一下制作状况，结果发现一个大问题——他们居然没有按图施工。我紧急喊停，全部拆了重来，结果导致多花了好几个小时。

凌晨3点布置结束，回家的路上，我问她为什么不按图施工，她说："我以为大家看到效果图就知道如何制作，我觉得图片很简单，没想到他们没有按图制作。等到我发现的时候，已经做出来十几个路引花了，我觉得大家太辛苦，就不好意思拆了重做。"我当时其实很生气，但觉得这是她第一次独立操作项目，如果这时候打击她，可能她后面做任何活动都心有余悸，放不开手脚。于是，我平息怒火，心平气和地与她分析问题，告诉她为什么不能这样做，应该如何操作。毕竟，甲方可不管你好不好意思、大家太辛苦之类，这种小情绪是无法被当成理由的。

那次之后，她变得更加谨慎和仔细，并且强烈期待着用下一次活动证明自己绝不会在这种问题上再出错。

后来的一场户外婚礼全部由店长独立设计并带领团队执行完成，凌晨的时候我看到她发朋友圈说已经结束了，但是她脑子里还有很多的想法，恨不得现在去现场继续工作。

第二天婚礼结束，我收到了客户发来的信息，只有短短4个字：花很给力。虽然第一次放权略有失败，但那次的案子带给了员工很大的内心成长，在后来的案子中，她也确实处理好了，没有再产生上一次发生的问题。你不放权，便无法发现问题，不发现问

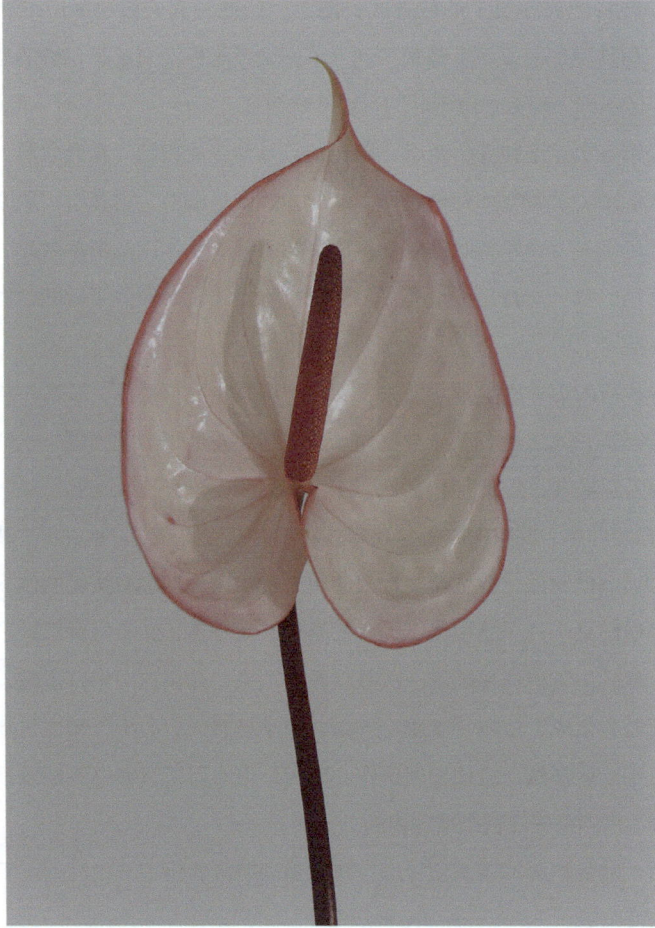

题，便永远不知道应该怎么改正。给予员工权利，告知问题及解决的办法，帮助员工成长，这是管理中非常重要的一步。

在后来的管理中，我发现越放权，员工的投入度以及责任感越强烈，共同话题也变得更多，可以讨论更多的问题及解决办法。于是，我们将业务分成了几个分支，每个分支都充分调动了员工的积极性。业务由指派的人员专门负责，而我只需要定期检查，指出问题、查看结果即可。

管理者要学会借力，充分运用他人的智慧与资源为团队服务，以实现目标。所以，管理者要做的是分配任务，指出问题，做出决策。如果有了员工，却担心员工离开或者不信任员工，事事亲力亲为，那员工就失去了存在的意义。

当你成为一个引导者，再回头看我们最开始的问题，便不免觉得它们有些幼稚了。

到来与分离，原来都是给予

第一个辞职的员工是在春节假期即将结束的时候告知我的，我在返程的路上收到她发来的信息，说已经决定不来上班了。我虽然心里难过，但表面上一定都是平静的，问了原因，表达了祝福，好聚好散。

第二个，面试时说喜欢不远，想要好好干下去，一周后说家人给她找到正式工作了。

第三个，是在我出差的时候给我发的信息，说她明天不能来上班了。一年还是两年以后，我收到了她发来的一封长长的邮件，表达了当时没有提前告知的歉意。

第四个……

第五个……

我此刻认真回忆起了那些与我分开的人们。

跟随我最久的文慧，离开之前，我们喝了一场大酒，我用尽所有的酒量，把所有可能涌上来的舍不得都藏在醉意里。

最贴心的舟舟，走的时候心里最大的不开心却是觉得我不够重视她，如今她经营着自己的品牌，跟我说"老板，创业真艰难啊"。

小倩辞职一年后，我去她的城市做婚礼项目，小倩给所有人买了饮料，并跟着我们干活干到半夜3点。

广州女孩谢谢，飞越半个中国来工作，又飞越半个中国回了家。我去广州出差，她跑来看我，见面时说"老板你等一下，我打完这局游戏哈"，语气自然得好像我们从未分开过。

蓉蓉说："不行了，我爹给的压力太大，我要去企业上班了。"4个月后，她给我发微信问："老板，我还能回来吗？"

婷婷有了新男友，便带着水果和男友来山上，给我们看一眼。

西西考了公务员，现在依然在单位里坚持不懈地宣传着不远。

拉面和漠漠，在不远工作的那几年里，给了我非常大的安全感。在他们离开不远后，依然在帮助我们解决问题，偶尔会回来看我。一进门就像不曾离开一样，开始工作、接单、打扫卫生、当客服……

我常想，为什么有一些企业的员工愿意跟着老板十几年、几十年，不远为什么做不到？

再后来，我想通了，内心就平和了。

工作的过程是互换的过程，老板用薪水换取员工的想法与劳动力，完善品牌，完成业务，完成输出；员工用时间、精力、脑力换取薪水与经验值，生存并成长。当员工认为想要换取的东西已经得到，或者有了其他更加想要换取的位置与体验；或者老板认为员工的态度、水准、状态等出现问题且无法解决时，便是这场缘分结束的时候。

渐渐地，我从一个会因为某个员工的离开回家默默哭的老板，变成了提前请员工列未来一年的计划表，了解其动向，未雨绸缪地增加该职位的备选人员。我努力提升品牌的各项水准，希望员工跟着我，没有天花板。

简单来说，就是从懊恼变成了去解决问题，情绪被收了起来。

我会告知新入职员工，辞职要提前一个月告知，重要岗位提前3个月告知。工作中没

有任何约束，仅凭彼此的信任。我们不拖欠工资，员工便不用计算究竟什么时候告知辞职是最划算的。我坦诚相待，便希望员工也是这样。

离开了不远的员工，有的成为设计师，有的成为老师，有的成为预算师，还有一部分人利用学习到的经验，创立了属于自己的花艺品牌。我和大部分离开的员工保持着联络，她们依然叫我老板，有几位员工遇事依然会跑来问我。被这种情感感染，我便越发觉得离开不是什么大事了。

当然每一个创业者都希望好员工愿意一直跟随品牌，但每一个创业者也都会遇到必须要分离的时刻。这种时刻，员工因为成长而离开，其实老板也在成长。我就因为一个很会拍照的员工的离开，逼着自己学会了摄影。也是因为这些分别，我一次又一次地反省，改变了很多工作方式与处事方法。每一位员工的到来都为我增添了一份力量，每一位员工的离开，也让我修复一个又一个的漏洞。

若你真心对待，到来与分离，原来都是给予。

原来，创业不是我以为的创业

创业者都容易焦虑

刚开始，我以为自己开一家店，就可以过上想象中的生活：晒着下午的阳光、风轻云淡、喝咖啡、插花……这大约就是许多姑娘想象出来的美好生活吧。后来我慢慢发现，创业太累了，根本不是我以为的样子。不仅忙、辛苦，我还发觉自己越来越焦虑，整个人从早到晚都处于慌张的状态，总觉得漏掉了什么事，心里永远惴惴不安，莫名觉得头顶有一颗雷，随时要炸。

我发了一条朋友圈，问：作为一个创业者，你焦虑吗？焦虑的原因是什么？评论区有人回复：不焦虑就不叫创业者了。

几十条的回复中，没有一个人是不焦虑的，涌入眼帘的大多词语是焦虑、压抑、恐惧、抑郁症、害怕、不确定、不自信、脆弱、利润下降、失眠、缺人、局限、无方向、没有安全感、艰难，等等。

我以嘉宾的身份参与过一场大学生创业大赛的访谈沙龙，同行的嘉宾都是不同行业的创业者，聊天的过程中高频率出现了一个词语：睡不着。大部分时间里，我倒是能睡着，可总是担心入睡了会遗漏什么事，所以很多时候，我都是凌晨时分才心事重重地入睡。

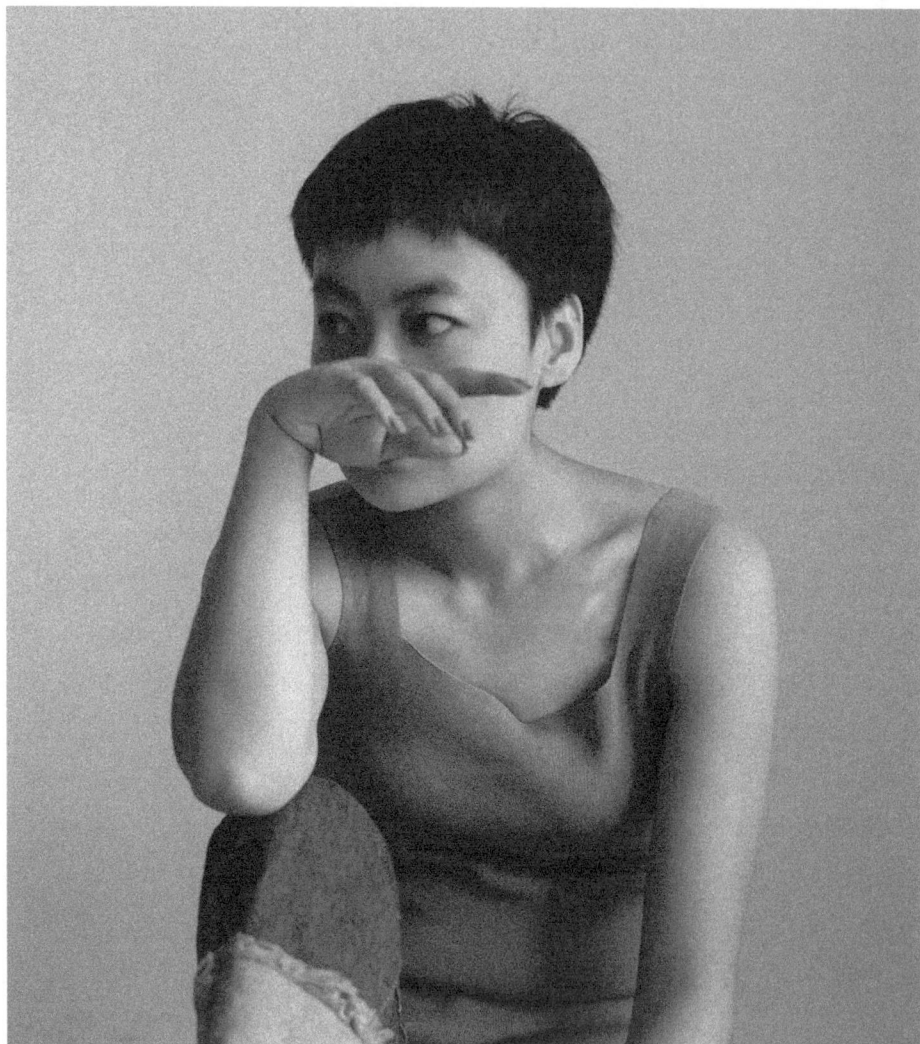

我的一个同行说："我每天早上一醒来就很焦虑，可明明没有什么事，就是不安心，总觉得店里是不是有什么事没有做，或者员工不省心等。创业后，我都有起床气了，准确地说，应该是起床焦虑。"

整个焦虑感从醒来持续到睡前。这段时间，只有将自己完全扔到工作里，做出满意的作品，拍出满意的照片，焦虑感才会减少。并且，情绪会跟着作品走，花艺师的作品好看，整个人都灿烂起来了；作品不好看，焦虑感就直线上升。

后来我发现了一件对缓解焦虑非常有用的事情，就是客户的好评。哪怕正处于生气中，三言两语的一个好评，就可以立刻把我从怒火中拎出来。

在本节开头的那条朋友圈询问中，有一个回答是：害怕等待被认可和肯定的过程。另一个回答是：害怕人言，害怕被否定。这两个回答跟我的"用好评缓解焦虑"结合起来就是：创业者期待得到认可，客户的认可大约是这世上最棒的灵丹妙药。

创业和上班最大的区别是，一个是自我驱动，另一个是外在驱动。面对同样的事情，站在不同的位置上，考虑的方向与结论便完全不同。

创业者需要考虑品牌、员工、资金、利润、成本、时间、精力、声誉、口碑等。当所有的一切带着明确的标准涌向一个人时，只有每一项你都必须尽善尽美地完成，你的品牌才可以生存，员工才不会撂挑子，你可以吗？

因为事情太多，每一个关键词下面都可以衍生出无数个事件，以及各种情绪，当事情悬而未决时，焦虑的情绪便不可避免地产生了。

我尝试着整理了几个容易引起焦虑的点。

能力跟不上思想，距离自己想要达成的目标还很遥远，实现起来非常漫长而艰难。——来自自我。

有更成熟的同行，其规模和经营方式都更好，追赶起来很难，并且你已经很努力了，可对方似乎带着天生优势，而且你在成长，对方也在成长，简直是遥遥无期的追赶。——来自对手。

员工的离职，合伙人的经营理念的分歧，同行的恶意攻击。——来自人际关系。

精力跟不上执行力，有想法却没有人去执行。——来自人才缺失。

大环境发生变化，行业面临洗牌，业务量减少，未来的不确定性。——来自市场。

莫名焦虑，很累，很想休息，可是不敢停下来，怕一松懈就被对手超越。——来自不安全感。

被孩子和家庭牵绊，完全没有精力兼顾工作，眼睁睁地看着品牌水准一步步下滑，明明自己是有能力的，却没办法二者兼顾。——来自家庭。

……

这些不安的情绪简直是从四面八方涌来，每一个焦虑中，都充斥着无数个小问题，每日拉扯。其中有几个也是我焦虑的点。莫名焦虑最为严重，因为完全不知道确切的原因，只是觉得有很多事未完成，却不知道应该如何下手，但其实80%的焦虑都是自扰。

2020年年初，我给自己设定的目标是找到自我。实现目标的前提是拥有好的技能与好的审美，相辅相成、身心合一，那各种风格便都是自我风格了。当自我风格完全凸显的时候，外界的评价便显得不那么重要了。

从2020年年初到现在，其实我进步了很多，一直在寻找让内心更坦然的力量，这从很大程度上缓解了我的焦虑。很多人说计划比不上变化，但我还是偏向于列好计划，厘清来路与去向。即使中途有偏移，也可以参考原本的想法做出调整，再根据新的变动做计划变动。

有计划的最大好处是未来短时间内实现目标路径很清晰，把计划分解便可以清晰地知道每个阶段自己应该做什么。当每天都过得很充实的时候，焦虑感会大大降低。

也有一位同行说："我每次都想着在忙完这个阶段后要好好休息一阵，再也不给自己安排工作了，实际情况却是，当忙碌结束，我几乎顾不上休息就陷入下一步究竟应该干什么的新的焦虑中了。"所以，安排好学习、工作、休假，每一个阶段都应该专心地去玩、去做事、去学习，知道应该做什么，知道未来怎么做。

我常常也会进行对比，觉得对手好厉害，不知道该怎么去追赶。后来有一天梳理情绪和思路，我忽然想通了一件事：我之所以成为我，是因为我的出身、成长、学习、认知、阅读、行走、交往、感受等，我只能是我，没有办法成为别人；同样，别人也没有办法成为我，我们只能思考如何变成更好的自己。

后来我跟两位友人讨论过这个问题，她们在各自的领域都做得非常出色。

Yoli说："我们都带着独属于自己的DNA，就算有人想要模仿，也不可能做得一样，而别人做得再好，我们也不能直接拿来用。就像一束花，你绽放你的，我绽放我的，不会因为你的绽放就剥夺我的生存机会，这不是你有我没有，也不是你活我就死，这个时代的资源已经很丰盛了，可以实现你有我也有，你活我也活。坚持根据自己的理解做事就好，这就是自己的DNA。"

我问她焦虑吗，她说："说焦虑不太准确，说压力更好。可我觉得没有必要消灭压力和对抗压力，因为这是不可能的，就好像我们呼吸空气，也承受气压。我们身处这个时代，享受了这个时代，自然也要承受时代的压力，这个时代是百花齐放的。"

另一位友人梦梦说："我开设公司5年从未焦虑过，我相信自己是有天分的，我是一个非常擅长做规划和向前看的人，工作干不倒我，我太清楚想要什么了。"

放松下来，好像解决焦虑便不是一件很难的事情。

好胜心是一切进步的源泉

这一篇内容我想说的其实是对手的意义。

我回想自己做花的这些年，每一个大的进步节点，似乎都出现了一位或者一群我认为是"对手"的人。虽然对手对此真的是毫不知情，甚至根本不认识我，也并不认为我足以成为他们的对手，但就是每一个阶段中被我假设为对手的人，让我看清自己的现状，明白自己的短板，并且一次又一次地进步。

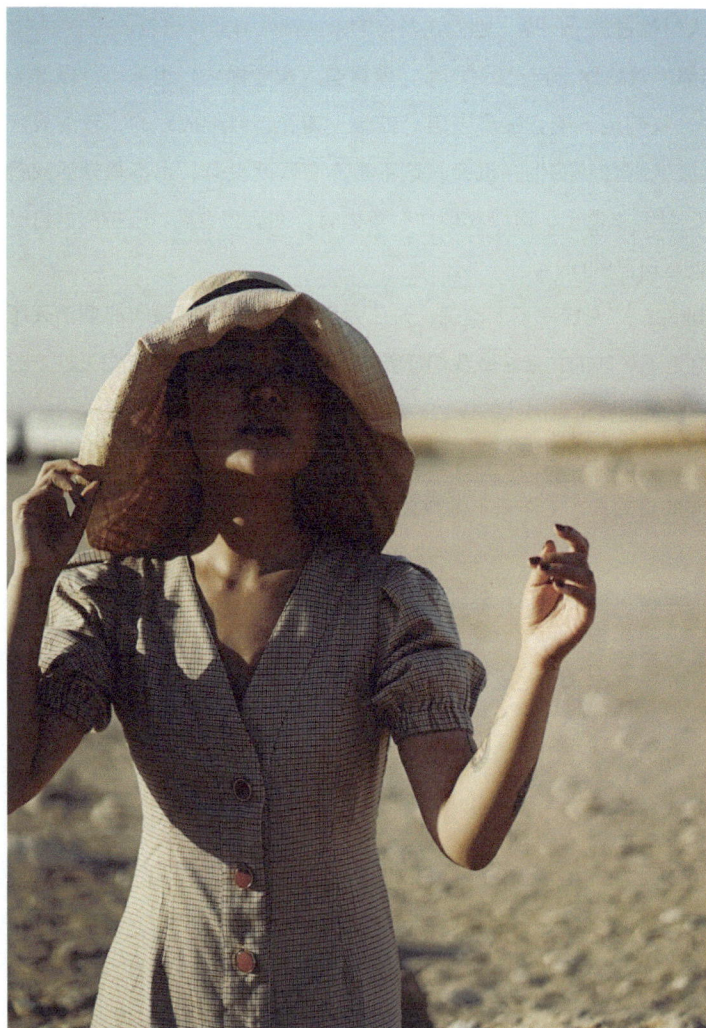

2015年，我的花店刚刚有点起色，在当地也有了一些知名度。当时除了我以外，本地的新型花店还处于萌芽状态，我像井底之蛙一样觉得自己很棒了，总是催眠自己北上广的花店做得好是因为一线城市资源好、消费高，我们大西北比不了。

直到一次旅行途中，我偶然在网上看到一家花店，从花品、技术、拍摄方式、视觉呈现效果到VI设计都远远甩开我们，当时并不知道它在哪个城市。后来我得知这家花店就在身边，甚至它所在地区的交通与经济还不如兰州。那时一群朋友正玩得开心，只有我瞬间沉默了下来。

那次旅行回来后，我就找了设计师进行新的VI设计，更换新相机，寻找更丰富的花材，更用心地琢磨作品，也更注重视觉呈现。同时我也清晰地知道，自己与"好"的距离完全不限于地域，只限于自己的认知而已。也是那一次开始，对自己满意的情绪再也没有出现过，我被现实击中，任何人说夸赞的话我都是听听就好，心里清楚自己还差得远。

2015年下半年，我的作品被选入"花视觉"系列图书，主编将所有作品入选的花艺设计师及品牌方拉入一个群聊，其中不乏"大咖"，我默默地在群里不敢说话，担心露怯，忐忑地加了群里一直喜欢的花艺设计师。遇到好的作品，大家也会在群里发出来一起探讨，我一次又一次地被刷新审美，整个人处于兴奋、迫切、舍不得睡、大脑飞速运转的状态，清楚地看到了自己与其他人的差距，但同时也明确地知道了我可以用何种方式变得更好。

2016年，我被邀请参加北京国际花植设计节，虽然不知道自己行不行，但我当时还是立刻应了下来，希望可以勇敢突破。那一次我们与西宁的ALICE合作，做了一场展现西北状态的花艺设计。在偌大的北京，我们借了一辆车，找沙子，找石头，找枯木，租借工具，从福建购买了几大箱的仙人掌，从青海购买了动物的头骨用来搭建沙漠的景象。

我在那次设计节中看到了很多出乎意料的设计：有利用镜子的反光影像与花艺结合的，加强观众与作品的互动性；有将戏剧艺术与花艺结合的；有将颜料泼洒与作品一起呈现的；也有用简简单单一个沙发、一条白纱、一串蝴蝶兰，还有轻盈的铁线莲与绿石竹架构的作品。那便是第一届北京国际花植设计节。2019年，第四届北京国际花植设计节，我以演讲嘉宾的身份再一次参加，再去看设计师作品的时候，发现大家对于花艺的呈现和思维的表达已经超越了以前太多。

而日常生活中的冲击其实无处不在，由身边到全国，由国内到国外，从单一的花艺表现形式到各种艺术呈现，每一次的眼前一亮都反衬着自己的匮乏，也便知道自己无法停止努力。我渐渐明白，花艺从来不只是花艺，任何对于生活和艺术的思考，最终都会呈现在作品上。

之后我了解看到达克效应，说能力欠缺者沉浸在自我营造的虚幻的优势之中，高估自己的能力水平，无法正确认识到自身的不足，达克效应将其称为愚昧山峰。从不知道自己不知道，到知道自己不知道，这是很重要的认识真实的自己的过程。而通常，我们只有借由其他人才能看到真实的自己。

我们认为是对手的那些人，便是这个认知过程中非常重要的一环。从愚昧山峰到绝望之谷，说的是人们从虚幻的优势中清醒过来，看清自己真实的位置时产生的反差感。

这种反差恰恰是激发好胜心的重要情绪，每当我身处在类似情绪中时，第一反应都是寻求解决方法，然后按照自己的理解一步一步往前。每一次进步，都是经历过对自己强烈的不认可之后，一点一点从绝望之谷中爬出来的结果，而每跨过一个阶段都会出现一个新的目标，然后将所有经历过的情绪与状态重复一遍。

可好胜心就是这样，让人无法控制地想要让自己变得更好。

请在赞美中保持清醒的头脑

越做花，越觉得不会做花

做花的第三年，这个感觉愈渐强烈——越做花，越觉得不会做花。到了2018年，我陷入了完全的自我否定，状态差得只要一想到花我就会觉得头疼，觉得所有的作品都不满意。在外人的眼中，我依然是自信、洒脱的模样，只有我知道自己的真实状态。

在前几年里，总有人来采访，问我在创业的过程中遇到过什么困难，我认真思考过后回答：我真的没有遇到什么困难，一切都挺顺利的。但到了这个阶段，我是真的觉得遇到了困难，而且不是那种靠努力便可以解决的困难。

有时候看到一个好的作品，我像是被抽了一记耳光。回头来看自己的作品，真想问一句：你凭什么教学啊？

羞愧难当。

意识到这个问题之后，我开始反复寻找解决方案。觉得这个方向的作品不够好，就去找这个方向教得好的老师；学完之后，又发现那个方向也不好，便又去找了那个方向的老师。整个2018年，我自己出去学习了6次，安排员工学习了4次，试图通过这些来让自己的作品与教学看起来更像一回事。

然而，并没有什么改变。这个状态让我一想到花就头痛，觉得自己大概也就这样了，突破不了了。

零售做得久了，我对花也不再是单纯的欣赏，甚至不愿意遵守大自然的规律了。商业受众的审美中，希望花儿是完美无瑕的，是坚挺硬朗的，是花期长久的。于是，我每天关注的内容便是：这个保护瓣太脏了，要摘掉；这个有折痕了，不能用；这个花开得太小，我要开得大的，等等。我心急得不愿意去等待，没时间去关注生命真正的模样。

花儿不符合我想要的零售状态，我整个人更焦虑了，陷入强烈的自我怀疑，不知道自己究竟在做什么。学习了那么多的课程，可是回来面对的还是一样的问题。

有一天和友人对话，我说我像一个陀螺，陷入了一个旋转的怪圈，明明累到崩溃，可是停不下来。我忽然反应过来，为什么学习了这么多却还是没有改变了。我处在一个高速旋转的状态中，冲出去学习新的内容，可是一回来又旋转回原来的轨道，新内容被旧习惯快速遮盖了。

我舍不得停下来，不敢停下来。

要将学到的那些招式用起来，是需要慢下来琢磨的，想通了，再上路。我问自己，究竟渴望得到提升，还是外界看似热闹的掌声？在停不下来的过程中，我渐渐失去了非常多接收感受的触角，整个人变得麻木而混沌。从意识到问题，到找到解决方法，到方法无效，再到发现新的问题，追根溯源，发现根源还是在自己身上。

自我沟通、梳理，认清自己再做决定。

这个过程并不容易，但仔细想一下，这是一个想要到达新的层面必不可少的阶段。我不再是井底之蛙，见过了很棒的人、很棒的作品，便知道了自己的水准，明确地看到了来自天赋的短板，心里也更明白方向在哪儿。

能力跟不上想法，技术赶不上审美。但正因为想法完善了、审美提高了，才导致困难的产生。困难的产生便是进步的开始，毕竟，只有上坡才费劲。我仍然处在困难当中，我做好了慢下来的准备。

愿你早日到达"不会做花"的那一天，别怕，那是一个新的开始。

出去看看世界吧

有一天，我听到了一个很有趣的理论。

如果你认为这世界上有一个人是你此生唯一的真爱，那么，最大的可能性是你们见不到面。为什么呢？因为全球有超过70亿人，我们想象每一个人是一颗绿豆，你和唯一的真爱是两颗红豆，将两颗红豆扔入70亿绿豆中，搅一搅，你们碰在一起的概率是多少？

我将这个理论用在了工作中：你还没有见过世界，便没有办法说明自己是厉害的或者是很差的，出去看看再说。

达克效应将参与试验的人分为4种：第一种，不知道自己不知道；第二种，知道自己不知道；第三种，知道自己知道；第四种，不知道自己知道。

若我们是第一种人，不知道自己不知道，这就太可怕了。而从第一种过渡到第二种的过程是非常痛苦的，但也正是这个过程推动我们继续往前发展。

2017年年末，我生了第二个孩子，坐完月子后觉得跟整个世界都脱轨了。我是一个"工作狂"，所以感觉那一个月自己错过了很多东西，莫名感觉焦虑与失败。

虽然一切工作都在照旧推进，但我总觉得这一切可能很快就会出现变化，如果不做出改变，未来的走向很可能无法掌控。事实证明我的感觉很准确，我所在的行业确实在2018年后半年发生了很大的变化，所有的渠道公开透明化，竞争对手林立，甚至竞争感不是来自同行，因为你都不知道谁是对手。但当时其实我并不知道可能面临什么问题，只能自己摸索着写下有可能出现问题的方面，以及这些可能的问题应该如何解决。

我给自己安排了一系列的行程和学习，其中还包括给员工安排的学习，问题都是我预测的，于是解决方案也充满了不确定性。每一次所谓的解决方案实施完之后，我都发现并没有消除自己的焦虑感，后来意识到"问题不是问题本身"这件事后，我开始尝试从自身寻找解决办法，但效果仍然甚微。

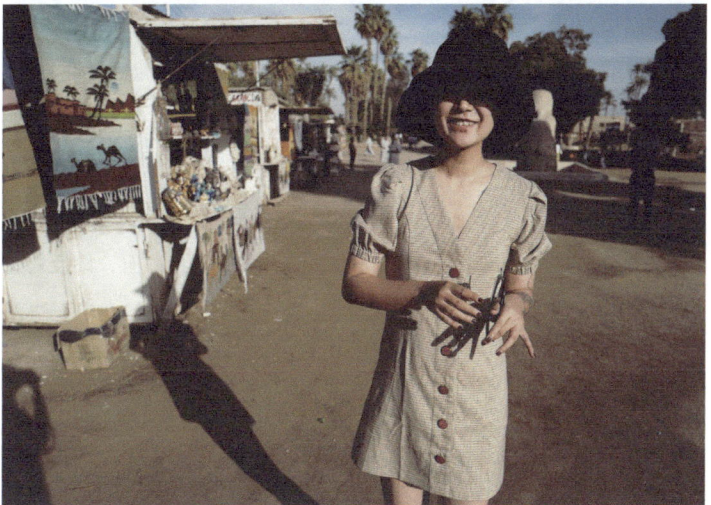

2018年11月，我和一位友人相约去埃及旅行，两个完全不同的人的想法碰撞过后，出现了一些奇妙的反应。我在和她的对话中，认识到一个自己都没有注意到的自己。

我看似是一个很擅长交际的人，但很多时候，我是沉默的。一旦我想要说服某个人，那么意味着，他一定是对我的生活产生了影响。如果观点不同的人对我的生活、工作没有任何影响，我从不多话。

另外，我这一年一直都将注意力放在我最不擅长的方面，总是觉得这方面弱，所以要努力提升，也因为弱，反而让我陷入自我否定的状态。所以这一年对我来说是非常艰难的，我尝试的那些方法其实都是在同一个地方反复冲撞，并且都没能解决我的问题。但这些，在此之前我从未意识到。

吴凡是我们那次旅行的策划师，她有一个12岁的儿子。那个孩子在跟同学的玩闹中磕碎了半颗门牙，有点影响美观，吴凡带他去看了医生，医生说，只能等到18岁之后再来做烤瓷牙，孩子需要顶着半颗缺失的牙再过6年。老师很紧张地问，需不需要和对方家长沟通赔付事宜，吴凡说不用紧张，都是小事，不用管了。

我说："孩子在最好的年纪里没有了半颗牙，还要这样过6年，也许在这6年里他会遇到喜欢的人呢？"

吴凡说："事情已经发生，处理事情的态度才是最重要的，而不是放大情绪。如果我要求对方家长赔付，以后孩子们可能都不敢再玩闹了。而且，我的孩子在这次玩闹中也要负责任的，这是他自己选择的玩法，如果我要求对方赔付，我的孩子会因为我的行为在之后的类似事件中成为一个斤斤计较的人，这才是我最大的损失。关于容貌的概念孩子其实还没有完全建立，你认为半颗牙很重要，没有它会很丑，你反复念叨懊恼，孩子就会认为自己完蛋了，要丑6年，不仅不能张嘴笑，遇到喜欢的人也无法表白了。若你认为这完全没有什么，孩子依然很棒、很帅气，并且大家会因为孩子的这一点点特别对他印象更深刻，孩子也会顺着你的态度，认为这没有什么。"

旅行开始时，我满心焦虑，只想回去继续工作，觉得这趟旅途实在是浪费时间。3天

后，这一年的跌跌撞撞以及内心的艰难结束了。这一趟我以为是浪费时间的行程，轻松地解决了我花一年都没有解决的问题。

问题本身通常不是问题，你如何看问题，才是最大的问题。

在飞往阿斯旺的飞机上，我向邻座借了一支笔，写下了一些零散的语句，最后把它们组合了起来，解决了2018年最大的课题。我在云层之上，仿佛看到了命运的转盘，看到小小的我在转盘里突然顺利了起来。

你对未来有期待，
便不忍停留在现在

第一次触摸到野心

　　我的第一间店30平方米，呈窄长的矩形，后半段是工作的地方，前半段作为展示，中间区域用一个吧台隔开。当时我手里只有5万元，不敢大动，很多东西还是房东留下来的，如老沙发、原地板，台阶也没有改。

　　我一个人的时候还算好，后来招了第一位店员也还凑合，没觉得店铺大小有问题。等到第二个店员来的时候，局促感一下子就明显起来，过个节日，店里满地的花叶，客人被堵在门外，一步都跨不进来。

　　生意逐渐好起来后，慢慢地，开始有人特意找来，想看一眼不远究竟是什么样子。可大家想象中美好的小店，没地方坐，乱起来连站的地方也没有，地板都是老的瓷砖，有的还有裂纹。第一次装修也有很多不合理和效果不满意的地方，如容易让人产生视觉疲劳的墙纸。因为没有暖气，我买了一种是用布裹起来的电暖片，四周还是韩式小碎花，现在想来，实在是难看……每当客人上门的时刻，我总是非常不好意思。

　　那个时候，我想着如果我的店能大一点就好了，并且对新店面的装修有了想法。

　　我的店铺隔壁有一间"古老的"房地产公司，房东是一位叔叔，差不多一周来一次，每次待几个小时就走了。某天我实在被狭小的店铺挤得转不过身，一头冲进隔壁问："叔叔，你这店铺租不租？""不租啊，我还用着呢。"我悻悻地出来，但这念头一出现，便再也压不下去了。只要隔壁房东一来，我便冲进去问："叔叔，你啥时候租给我？"

"我还用呢。"

下一次来，我继续问："叔叔，你啥时候租给我？"

"用着呢。"

2015年新年的第一天，我如往年一样，郑重在日记本上写下了新年的3个愿望，第一个就是请隔壁房东同意出租店铺。那么，我想要不顾一切地完成愿望的野心来自哪里呢？

从我的经历来看，除了真实的需求，还有一部分来自自我认知中的大众对自己的期待。我期待别人眼中的自己是更好、更美的，而我把我的品牌等同于自己。

很幸运的是，我在许完愿的第二天就接到隔壁房东打来的电话："小向啊，这个店铺你还需要吗？"我在欣喜若狂中迅速签了合同，完成了不远的第一次扩张——从30平方米到100平方米。虽然仍是小小的一间店，但在我心里，它变得不一样了，被寄予了更多期待与憧憬。也因为这个被扩大的店面，我开始有了更系统、更全面的对于品牌的考虑。所以你看，野心是能够催促人成长的事。

因为想要得更多，所以思考得更多，学习得更多，付出得更多，期待得更多，整个生活似乎被野心点燃了。

我的想法从刚开始的"我只需要有一家自己的小店就好啦"，逐渐变成了"我要做同区域内最好的花店"。那时，我还从未想过，在未来不远能够被全国的人熟知的花店里占上一席之位，就像我曾经只是想要一间30平方米的小店而已。

你看，野心才是你最大的幕后助力。

/// 2015年

/// 2016年

/// 2017年

/// 2018年

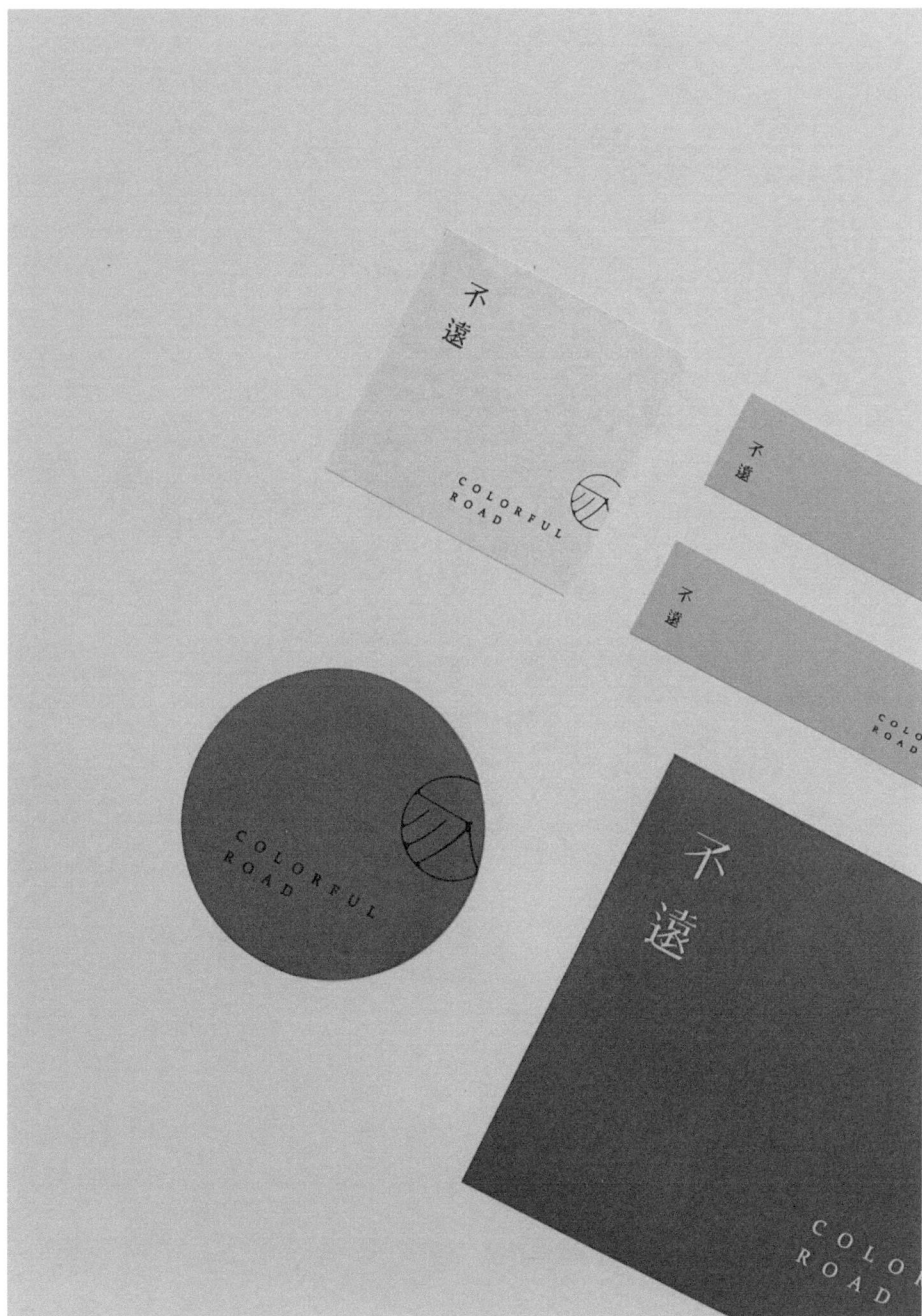

/// 2020年

只要开始，未来便离你不远

我在大学的时候，写过一篇演讲稿，里面有一段话讲理想和梦想，说理想是大风天逆向行船，历尽千辛万苦终于到达彼岸；梦想是风和日丽的天气里去塘中采莲子，小船划进莲叶深处，载回来的是一船清风。

那时我觉得，梦想多好啊，听起来就觉得舒服。等我实现了梦想中的生活，才明白能实现的都该叫理想，因为费尽了千辛万苦。

有一回，有人问我干什么这样拼，现在已经挺好了。我想来想去也不懂，为什么要停止努力呢？我明明对未来有期待，明明知道自己可以更好，甚至看到了我更好的样子，怎么能忍心停留在现在呢？

知乎上有一个关于追求梦想的问题，我回答了一下。

27岁的时候，我决定从一家工作多年的房地产公司辞职去创业。辞职报告刚递上去，我就发现自己怀孕了，心里纠结要不要继续，万一创业失败，孩子怎么办，毕竟每月的薪水还不错。家人倒是非常支持我，而且心里的欲望升起来，就很难压下去了。

于是，我还是辞职了。

用5万元开了一家小小的30平方米的花店，这是我创业的开始。

原本想着，每个月赚的钱够吃够喝，还有时间照顾孩子就可以了。没想到，开花店根本不是想象中插花、喝咖啡那么美好。开花店的第一年，我是挺着肚子完成的，我爸来看我，我挺着肚子、双腿浮肿地坐在凳子上打花刺，一地狼藉。我爸忧心忡忡地问："你确定就要这样过后半辈子吗？"

整个孕期我一天没休息，生孩子的前两个小时还在加班插花，去生孩子的路上还在给客人解释明天不能送花了，需要客人自己来店里取。生完孩子26天，赶上七夕节，订单多得不行，我出了月子便开始工作了。

　　很幸运，2014年，开店的第一年我便实现了赚的钱够吃够喝的目标。年底的时候我招了两个员工，30平方米的店便显得有些小了，进来的客人转不开身。我想了想，找人借了10万元，将隔壁的店铺也盘了下来，打通，店面变成100平方米。2015年，重新装修后的场地变大，我便可以做更多的内容，于是加入了花艺兴趣课等活动。

　　这一年，也是变得更好的一年。

　　2016年，我赚了一点钱，还清了欠款，但对于店面又有了新的想法，于是又找银行贷款20万元，重新装修了店面。我妈说，你真能折腾啊，赚的钱都投给了装修。可是审美提高后，我就不忍心让店铺的风格停留在原地了。

　　这一年，我的员工变成了4位。

同时，另一个愿望又逐渐升了起来。多年前，我就想拥有一座自己的院子，它不在城市的高楼大厦之中，而是远离城市的，可以和土壤、鸟儿和树木好好接触。我被自己的想法折磨着，最终决定开始实施。

寻找院子。

2016年8月，我租到了一座院子。租期十年，我想要将它打造成民宿，用来上花艺课，提供咖啡、甜品，给大家一个竹篱桃源般的地方。

2017年，开始改造。

租金倒是很便宜，但改造是一大笔费用，于是，我又从银行贷款20万元，我看了一些网络上的改造帖子，说什么10万元改造小院，天真地觉得人家10万元就可以，我们20万元一定绰绰有余。结果，远远不够。下水管道、化粪池、盖房子、换屋顶、做房檐、地面倾斜度、房梁承重性，一个个完全不懂的名词出现在我面前，每一个都急需我解决——急需用钱解决。

小院改造前就是西北山里的农家小院模样，院子里光秃秃的。

想来想去，我觉得只有众筹这一条路了。

我们也不需要非常大的金额，所以没有选择众筹网站，就是自己在朋友圈里发了消息。我们没有选择分红模式，筹集的资金相当于提前充值，最低500元，最高5000元，大家也不会有金额过大的顾虑。充值的钱可以在花店，以及未来建成的院子里的经营项目上消费，并有相应折扣。

我写了一篇公众号文章，忐忑了好几天，终于鼓足勇气点了发送。非常感恩与幸运，我们在3天时间里筹到了40多万元。我们完全靠着大家的信任与支持，筹到了我们需要的资金。加上我们之前贷款的20万元，一共60多万元，后期还零零散散地投入了一些，大概花了70多万元。

也是在2017年，我怀了第二个宝宝，院子的装修都是挺着肚子完成的，同时我还要兼顾花店的工作。这一年，我的员工变成了8个人。

/// 建成后的样子

2018年，100平方米的花店里经营着3种业务，显得狭小不堪。

我们无奈决定重新找一间铺面，把其他业务搬出去。花店也要再次重新装修。

/// 花店新装修好的样子

　　2018年，我对香氛产品很感兴趣，于是我们又创立了一间香氛工作室，手工制作蜡烛与香皂。

2019年，我们决定做属于自己的vintage（古着）服饰，于是创立了服装工作室。

2020年，我们认为，"美之修养，内外兼修"。于是把护肤和花艺结合在一起，在市中心开了一间400平方米的店铺。

　　这一年，我拥有了12个员工。虽然离财务自由还很遥远，但我还清了所有的债务，拥有了各种小店、工作室以及一座院子。从一无所有辞职创业到现在，我学会了花艺、摄影、香氛、管理等技能，教会了几百名学生插花，许多学生也创立了自己的花店。

　　未来大约还有很多想要实现的愿望，但要靠近梦想，你要着手去做，而不是空想。每一年愿望的实现，都让我更加确信，不停下脚步便会获得更广阔的天地。我可以看到未来的自己，所以不忍心停下脚步。

　　只要开始，未来便离你不远。

/// 院子夏夜放映会

众筹，我要在西北偏北，造一座洁净小院

"兰州，西北偏北，在这座充满江湖气息的城市中，也有着一个桃源竹篱的梦。 我们在兰山的山顶上，拥有了一座院子，想要把它改造成民宿和花艺、烘焙、金工、扎染、刺绣等各种各样可能的手作课堂。"

上面这段话是我在2017年4月众筹的时候，众筹文章中的第一段话。

我为什么要做一个院子呢？ 大家都想着如何进入商业繁华区域，如何进入人流量大的区域，如何让更多的人上门时，我干什么一门心思想要往山里走？

院子大概是我的一个执念。

小时候，姥姥家、奶奶家都是院子，院子里种了各种各样的鲜花、蔬菜和水果。草莓的叶子荫了一片又一片；杏子树不大，果子却是累累；梨子、苹果、李子、柿子；有一个兔子窝，一窝白茸茸的可爱兔子；还有一群鸡，有一个铡刀可以给鸡铡草，每次周末回去，铡草简直是最期待的事。将园子中的指甲花包裹在指甲上，一夜，取掉，指甲便变成橙色了，要一个季节过去，才会慢慢消退；玫瑰花开大后，我会小心翼翼地捡起掉落的花瓣并将其夹在书里，连纸都被印上了清香。

院子后面，是一大片油菜花地。我会把心里的秘密写在小纸条上，从门口开始走，走到一个心里喜欢的步数，便停下来，挖个洞，把秘密埋起来，于是，那片油菜花地里，藏了许多我的秘密。

那些日子与回忆，是我一生中都舍不得忘记的美好。如今，两家老人都搬进了城里，院子要么拆掉，要么被征收，不复存在，我喜欢的那些树木、果实、油菜花和秘密，都只能留在回忆里了。

我现在摸索了一下想要一座院子的源头，大概就是这里了。体会过院子的美好，于是，念念不忘。

在十多年前，与友人的邮件中，我便念叨着想要有一个院子。在2016年年末，终于实现了。我在兰山上发现了一个农家小院；一排正房；一排侧间；一个牛棚；一个露天旱厕；一院子的花与果树，苹果、梨子、李子、杏子、大丽花、牡丹花。我被原生态的模样，与那些与老家院子相似的布局以及那些果树吸引，攀谈了很多次，终于签订下了十年的租约，决定开始打造我想要的院子。

那么，用院子来做什么呢？

完全搬到山上居住是很难实现的，工作、生活、孩子上学等一系列原因，但是，就是想要拥有一处院子作为一个我的世外桃源，当我想要逃离城市的时候有地儿可去。这样想着，便觉得，可能有很多的人跟我一样，想要有一处自己心中的世外桃源。

于是，便有了众筹文章中的第一段文字。

是的，我要在这座充满江湖气息的西北偏北，造一座桃源里的梦，我要把它做成花园，做成民宿，做成涵盖花艺、刺绣、扎染、烘焙等各种各样好玩的传统手作课程的院子，把那些我在花店里实现不了的想法统统搬到山上来。

院子占地约一亩，在我们的整改下，一共拥有11间房子，其中，两间教室、4间住宿、一间厨房、一间咖啡室、一间员工房、两个公用洗手间。

没有设计师，所有的设计，就是我的想法，将这些想法告诉工人，工人来帮我实现。

当你梦想一件事情的时候，天马行空，万般美好。当你开始实施一件事情的时候，进入到想要呈现的每一个细节，与所有人沟通、确认、讨论、争执、坚持或者妥协，等等，非常烦琐与艰难。我之前看过一篇文章说，10万元爆改破烂小院，看得我激情澎湃。人家10万元都可以，我用20万元应该绰绰有余了吧，于是，从银行贷了20万元，结果杯水车薪。在一个没有下水的山间小院，下水管道挖了近200米。将每一间需要上下水的屋子贯穿起来，挖出院外，挖过小路，挖下山坡，穿过农田，排到悬崖下。给我盖房子的工人，拿了5万元的首付款后，活没干完，人就消失了。我挺着怀着老二的肚子，没时间发脾气和生气，抓紧时间想对策，安排新的工人入场，重新商量方案，接手剩下的活。

装修师傅反复告诉我，钱不够，钱不够。我总是觉得不可能不够，结果花钱的速度真的太快了，银行卡里大约只剩下一万块，工人又开始催款的时候，才真切地意识到，要想办法了。

众筹这个念头冒上来，又被我压下去，冒上来，再次被我压下去。要知道，作为一个骄傲的处女座，承认自己没办法完成，是一件非常难的事情啊。倒是有好几位跟我谈入股投资，我天性挑剔，拿人钱财，受人限制，如何回报，才是投资人最关心之事，所以我全部拒绝了。

忐忑了一个月，直到我看到这句话："这就是你报复平庸的方式。"最终决定，我要众筹。常见的众筹是大家投入资金，变成股东，拿分红，几年后可退出。这对我来说，跟借钱没什么两样，付给大家利息，到了规定时间要还钱。万一没做起来，拿什么赔给大家？压力太大了。

这种形式的院子，在兰州并无先例，没有可借鉴的经验和可观测的未来，不知道究竟怎么样。我只能摸索前行，实在不敢给大家夸下海口。

于是，最终想出来的办法是，储值众筹，我旗下的几个品牌，花店、兴趣课程、院子、住宿等，全部的经营项目都参与了。最低500元，最高5000元，金额设置都不是很高，对大家来说没有什么压力，可以随时用来消费，也有相应的折扣。就算院子的项目未来不成功，而花店已经稳定经营多年，大家的钱不会有去无回，这是一颗定心丸。

众筹的公众号文章断断续续写了很久，写好后又放置了很久，终于，下定决心要发布了。点击发送的那一刻，我真的太紧张了，不知道大家看到的反应，不知道是否有人

/// 改造中

/// 完成后

支持，不知道能够筹到多少钱，是否够院子改造的后续费用，以及大家究竟会怎样看待不远做出众筹的这个举动，他们会不会觉得我是在骗钱。一霎里我的脑海中闪现非常多的场景。按下发送键后，整个人呆滞着，不知道该做什么反应，想看手机又不敢看。

大约两分钟后，手机开始冒出信息，一句话没有，直接转账，500元。我被感动得快要哭出来，手足无措地回复，不知道该说什么。然后，同样的信息开始不断响起，500元、1000元、2000元、5000元……鼓励的话语里夹杂着钱的数字，几个手机铃声此起彼伏，我觉得我心里一定流满了眼泪，被一些东西撑得满满的。

两个小时，收到了将近10万元，午夜还有人不停地转账。第二天早上，金额直奔30万元，我不太好意思重复发送众筹信息，所以只在微信里推送了那一次，热度在第3天渐渐消退下来，最终收到众筹款项43万多元，这个数字，远远超出了我的预想。因为这笔钱，院子得以顺利完工。感谢参与众筹的所有人，没有他们就没有在山，没有他们就没有如今的不远。

给每一个房间配了黑胡桃木的实木床、棉麻的床品、乳胶的枕头、每一个角落里都能接收到Wi-Fi、落地大玻璃的教室、上下3个洗手间、抽水马桶、好看的厨房、随时的冷热水……这些看似最简单的东西，在西北的山上，每一项都是困难。

每年11月停水，次年4月才来水，自来水都是存在水窖里，给小院安上抽水泵以保证用水。

冬天下雪，上山的路不好走，窖里的水冷得刺骨，取暖也不好改造，所以每年只有7个月的开放时间。

Wi-Fi是我求了移动的工作人员，硬是架起了两百多米的线并拉进院子来，时时刻刻担心着狂风暴雨把网线吹断。

教室后面的土坡，担心下雨冲塌影响房间，找工人将坡墙削平，保证安全。

我一个完全不懂修建房子的人，摸索着，在几个月的时间里，磕磕绊绊地修建起了一座院子。

每天跟工人沟通的都是下水、化粪池、排水、屋檐、瓦片、地砖、电路……

前一天还茂盛开放的花草，十月的一场大雪，全部压垮冻死。

4月，杏树梨树苹果树齐齐开花，又是一场大雪，至今都没有结果子。

一个冬天，热水器冻坏了，水龙头冻坏了，淋浴器冻坏了，地下水管被冻住了，上水的水管里被枯叶堵住了。新的一年开始，先从维修开始。

即使，以上种种。

当我坐在院子里工作、躺在躺椅上休息、窝在房间里睡觉、站在明亮的教室里上课时，听鸟叫声、夜晚的蛐蛐声、风吹过的声音，雨后的雾气、那么近的蓝天、黄昏时的夕阳、夜色里的霓虹兰州、一整座山的美妙，都要被我拥在怀里了。幸福感要把整颗心都涨满并溢出来，我真爱这样的日子啊。在盖房子的工人拿钱消失的那天，我写了一篇日记说，等院子彻底完工的那天，我要好好哭一场。

后来，一直没有时间哭。

等我挑个好日子，要在我的院子里，独自一人，开心地哭一场。

/// 山间晚霞

如果
你也想开一家花店

这不是一件容易的事

并不是所有人都适合创业

创业5年。

刚开始，我并不想将辞职开店的自己称为创业者，我那时只想开间小店过日子。后来，竞争对手出现了，大家好似都捏着一股子劲儿，想要拼一场。于是我的状态就不一样了，开始考虑很多因素和方向，并据此做决策。我开始从一个创业者的角度来看待事情。这是天生的好胜心。

渐渐地，我身边聚集了一大批已经创业或试图创业的人，包括我的学生以及一些朋友，每个人都遇到了大大小小的问题。这几年，创业风潮四起，但仔细想想，真的所有人都适合创业吗？

我来说说我身边的一些例子。

第一种，只谈情怀，毫无逻辑。

X开了一家咖啡馆，辛辛苦苦装修好后，她每天沉浸在自己营造的氛围中。突然，一年期限到了，房东宣布房子不再租给她，没有任何办法，她只能卷铺盖走人，装修成果以及很多大型物品无法带走，只好留下。房东花1000元雇了一个大学生帮忙看店，直接经营起了自己的咖啡馆。投入了很高的装修成本，却傻到只签一年合同的，估计只有X了。

这次创业X赔了20万元，从此以后她只要有任何想要创业的念头，她的家人就统一战线全部否定，完全不再支持她。

做事看长远，要在心里对自己以及业态有一个未来预估，要明确在多长时间内应达到什么样的状态，至少有一个3～5年的简单规划，一步一步朝着目标走。这样心里会踏实很多。如果在实现目标的过程中发现各种问题，导致前进速度太慢，则应找出症结，调整方案来解决。

第二种，偏移目光，容易放弃。

J与合伙人发现A项目发展良好，客户增长快，业务覆盖面积逐渐扩大，正是上升期；但同时她们又发现了另一个B项目，思忖后决定投资B项目。B项目耗资巨大，前期费用几乎掏空了两个人的全部身家，此时她们却发现B项目的受众面窄。由于经营时间受限，设想好的迅速回笼资金的方法效果不佳，来回折腾小一年后，她们最终决定放弃B项目，继续好好进行A项目。然而A项目的客户认为她们已经转行，并且其他人也看好A项目，众多同类别创业者四起，带走了许多客户。

此时，她们发现了A项目的衍生产品，开发新产品后销量也不错，慢慢又拉回了一批客户。然而两个人性格散漫，今天想旅行，明天想听演唱会，于是在新产品正值上升期时，她们因长时间出行导致生意停滞。最后，因为各种原因，两人决定放弃品牌，转手他人。

一直到现在，我依然认为她们的项目是很棒的项目，可惜没有坚持下来。

创业者心性坚定非常重要。如果项目前期进展顺利，一定要等其进入非常稳定的状态再考虑投资下一个项目，除非投资的新项目可以帮助到原项目。这一点不说大家也知道，当你全身心投入了工作，是很难分心的。任何事件都不足以让我放下很重要的工作事项，更不要说是去游玩了。

第三种，性格内向，沟通不畅。

表达能力不是特别好的人，在创业这件事上有着比较大的局限。创业者到最后通常都是管理者与拓展者，这个时候已经不再是自己干活，而是领导别人干活，或者寻求更大的合作项目。一旦到达这个阶段，干脆利索、表达能力强的人就会展现出非常得心应手的一面，包括寻找合作者、展示项目、管理员工、处理矛盾、解决问题，等等。

第四种，怕苦怕累，雇人创业。

我听很多人说过，如果实在没时间或者不想每天守着店的话，雇个人就好啦。你见过几个员工真正把工作当成自己的事业来全身心投入的？这个投入包括想法、计划、执行、监督、维护等。除了创业者本人，不会有人比你更操心。如果你指望雇一个人就能完成创业梦想，那真是在开玩笑了。

第五种，毫无想法，人云亦云。

如果连项目的想法都是抄来的，那么你将永远跟在创新者的身后，拾人牙慧。没有站得住脚的理论支持，便没有侃侃而谈的自信和坦然，当你的合作伙伴遇见真正的创新者时，他会选择谁便一目了然。

其中有太多的内容可以展开，其实回头一看，好像创业需要的是一个全能型选手。没错，一个创业者需要有技术，有头脑，心性坚定，善于沟通，敢做决断，干脆利索，有想法和担当，不怕辛苦亲力亲为，有转战幕后的管理才能，永远觉得时间不够用，永远觉得有事情未完成……

若有一天你达到这个状态，那么离目标应该不远了。

花店也许不是你想象的那样

我收到的很多简历都写着差不多的内容。

"我特别喜欢在花店工作，想在午后悠闲地插着花，喝一杯咖啡，看花朵在手中绽放出新的魅力，跟花儿度过美好的一天。"诸如此类，我真心想回复一句：姑娘，你走错片场了！当然，这不能怪姑娘们，毕竟开花店这个听上去美好的工作在人们的想象中就应该是这样的。

我在开店之前，也是这样以为的。我也遇过简历中表示非来不可、对这一行爱到不行的人，结果上了一天班就告诉我：不好意思明天我就不来了。后来我们在每一次的面试中，都尽可能把工作描述得很辛苦、很累、很难，希望可以提前给应聘者打预防针，让他们未来从想象的云端摔下来时能摔得轻一点。

那么，究竟是哪里不一样呢？

如果你想要靠花店来营生，那么，你要明白美好是给客人的，不是给工作者的。真心热爱开花店的工作者当然可以从中获得幸福和满足，但是日复一日，年复一年，最后它在你心中就只是一份工作而已。而且这份工作的背后还有大量的清理工作：换水、清洁花器、扔半人高的垃圾……

一个节日结束后，我们简直是踩着半米高的垃圾行走。街道的垃圾回收点特别不愿意我们一次堆放三四个大垃圾袋在垃圾桶处，后来我们算准了垃圾车来的时间，直接将垃圾丢到垃圾车上去。

婚礼和节日，我们要连轴转几十个小时，连吃一口饭的时间都没有。我曾经被员工的闺蜜发信息质问，为何不让她的朋友在午饭时间吃饭。我早就忙到忘了吃饭这回事，收到信息的时候，不知道该怎样回复。

这就是花店工作者的常态。每一家花店在情人节、妇女节、母亲节、七夕节、教师节都是这个样子。通宵一夜，第二天继续连轴转一整天，没空吃饭，不能休息，一直到所有订单结束。之后还要打扫卫生、清理垃圾、倒掉脏水、清洗瓶器，然后才能够拖着连续工作几十个小时的几乎瘫掉的身体下班。员工大概想着，老板太压榨人。后来，员工自己也当了老板，跟我抱怨招来的员工一点都不给力。

我们为了让员工愿意工作更久，让他们觉得工作不是消磨大量的体力，于是把职位设置得越来越明确，增加了专业客服以及负责修剪花枝、换水清洁的阿姨。每个节日的饭点，客服再忙都会抽出时间订好餐并让他们及时送到店里来。忙碌结束后，也不用大家自己整理卫生，阿姨及时整理完毕，大家便可以直接下班了。

以商业售卖为主的花店，每天需要制作大量款式相似的花束。一天制作几十个花束，累得肩颈疼、胳膊酸，并且到最后看不出花束的层次形状，所以，想要自由发挥在当下是不太可能的。

从员工的角度来说，可能只是比较辛苦，时间久了以后会有点腻烦。

可对于创业者来说，那与想象中的不一样，可真的就是太不一样了。

我以为自己开一间小店，会多点时间照顾孩子、照顾家里，结果全家最忙的就是我。创业初期除了制作花礼以外，还要当采购、当保洁、当客服、当售后、要写贺卡、要联系快递、要拍照、要做后期、要编辑文案、要及时回复。节日、婚礼、宴会前要思索方案和新品，确定花材，担心物流，纠结损耗，安排配送，处理差评……

后来，需要与更多的人一起做事，需要招聘、面试、管理，要有处理突发事件的能力；要及时与员工沟通，要考核员工，要让员工开心地工作并敬重老板；当然还需要面对员工的突然离职后工作的交接，甚至员工抱团辞职时的孤立无援。

诸如此类，均在我或者我的同行身上实实在在地发生过。

开花店的以姑娘居多，这些看似柔弱的姑娘们，解决了一个困难又一个困难，挺了过来。半夜哭一场，早上又打满了鸡血继续新的一天。

甚至，连哭一场的时间都没有。

可是，你若现在问我，爱花吗？

爱。

累吗？

累。

想过放弃吗?

想过。

会放弃吗?

不会。

为什么呢?

因为爱啊。

再热烈的爱都有想放弃的时候,可真正的爱是到最后也没放弃。

所谓热爱,是在真正感受之后,还继续爱。

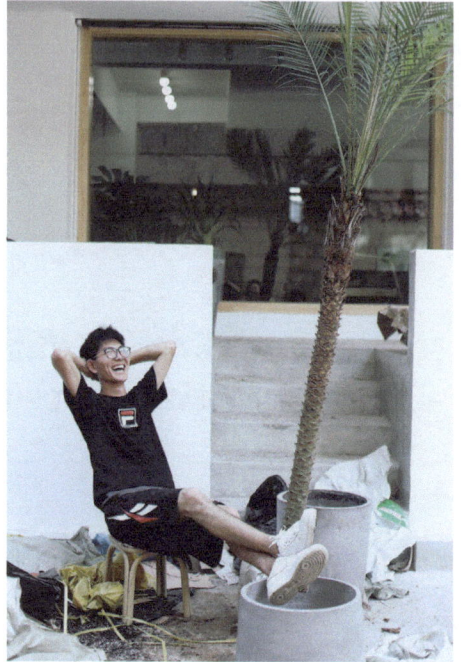

请确认你是一时兴起还是真的热爱

我有一个员工，工作了大约一年，辞职前一个月还写了一篇长文感慨多么热爱花艺，一个月后跟我说，她对花艺没兴趣了；辞职一年后，又支支吾吾地跟其他员工说想要继续回来工作。我说，她一时兴起得快，热情走得也快。

兴趣这个东西，太容易来了。

看个选秀比赛，搞得我也想去学跳舞，睡一觉起来，就忘了前一晚的热情了。一个创业者除了热情，还需要坚持。很多热情会在坚持中被消磨完，然后创业者就坚持不下去了。应聘或者来学习的人常常说：我很能吃苦，我可以坚持。但他们常常意识不到，真正的坚持与吃苦不仅仅是能够过辛苦的日子，而是即使原本的生活一帆风顺，你依然愿意为一件事专心，为此付出时间与精力并长久地坚持下去。

花艺行业好进难出，你若对自己有点要求，有点野心，便会越走越难，越学越难，可能还要面临来自同行竞争、客户流失、营业额降低、收支不均衡等各个方面的压力。

我看到有学生在朋友圈发"本店转让"，心里会一阵难过；我也收到过本地同行做不下去决定关店后给我投的简历。花店一间一间地开，也一间一间地倒，这一行并不好走。

所以，你究竟感兴趣的是关于花的什么呢？

如果仅仅是觉得做花非常美好，想要在午后自己也能美美地插一盆花，增加一个技能，那么，找一间喜欢的花店上几次兴趣课，然后自己去花市购买花材，在周末的午后就可以实现这个愿望了。

如果是觉得开花店可以赚钱，那你要好好考虑一下，自己有没有做好准备去面对花艺之外那些并不美好的内容，是否具有创业者必须拥有的坚定心性，以及是否做好了接受失败的准备。

如果，开一间花店的念头在你脑海里挥之不去，明知道很辛苦、很难，但就是想要试一试，那么就开始吧。要么找喜欢的花艺风格的老师直接学习，要么找一间喜欢的风格的花店，从花艺助理开始工作，认真感受。

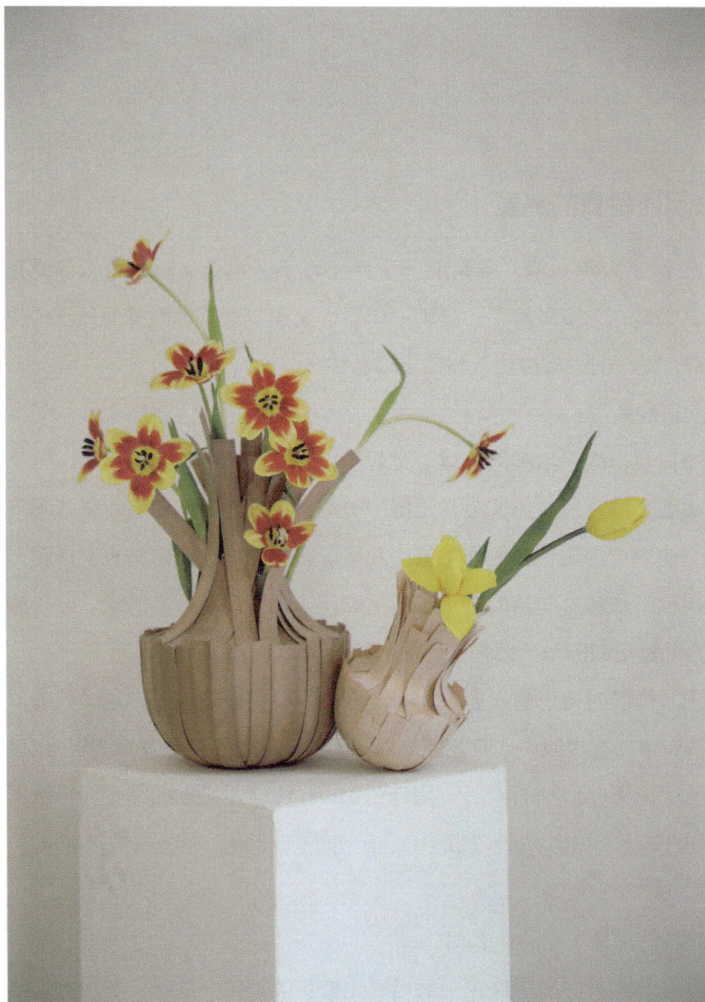

  学习的过程中，你可以再次确认究竟是一时兴起，还是真的热爱。我也有一些学生，学习完之后便重新回归自己原本的职业，觉得花艺并不适合自己。

  热爱，也不一定是像时刻打了鸡血，也会像我这个样子：累的时候觉得烦死了，自己创业连个休息日都没有，干脆把店卖了；然后看见路边的叶子和小花，立刻就想着我可以用它们做什么作品，摆在哪里。这几乎是一个连锁反应，不受大脑控制。

  当你的连锁反应变得越来越频繁，你应该明白，未来的很长一段时间里，你都无法离开花了。

我是个对金钱比较有欲望的人，比较有功利心，希望自己为提升能力所付出的每一段时间都拥有回报。而对于能力的付出是最不会让人失望的，它不似感情，不对等；能力是非常公平的，你付出努力，能力便会随之增长，收入便会与能力成正比。

你的热爱，加上对能力增长的迷恋，这会让你像开挂一样，一路狂奔。

你知道的，任何困难都赢不过热爱与恒心。

这样的对手最可怕。

别想着雇人看店，全身心投入吧

我有两位身边人。一位开了一间咖啡馆，有两个合伙人。3个人都有工作，都没办法照顾店，分身乏术，兼顾不得，最后雇了一位姑娘。结果就是，姑娘用店里的客源给自己拉生意，他们发现后辞掉了她，店铺再次陷入无人看管的境地。没办法，转让，但因为店铺在住宅楼里，不是铺面，难出手，最后就那样还给了房东，3个人用时半年亏了20多万元。

另一位与其他3位合伙人开了一家陶艺馆，分别是两对两口子。另一对完全不懂，只投钱；这一对是美院毕业，有点基础，可是都有公职，都不愿放弃。所以，还是选择雇人看店。结果生意每况愈下，几位又分身乏术，因此急于出手。可这个行业懂行的人并不多，投资又大，后来，一位同是美院毕业的师弟，轻松以5万元将投入了30万元的店拿下。如今，他经营得蒸蒸日上，计划开新店。

两间店都有好几位合伙人，可两间店都是无人看管的状态。合伙人的数量多在这里看来好像是没什么用了。

再来说说我作为顾客的感受。

我在附近的一家中医按摩店办了一张卡，每次特别累、全身疼的时候都会去按摩一下。从未见过老板，都是几个员工在打理，这么说吧，我每次去都觉得非常不开心。

按摩手法大同小异，没有什么特别，就是服务不同。小姑娘给我熏艾灸，满屋子都是烟，我觉得有点喘不上气，便告诉小姑娘，我有点不舒服，很难受。对方毫无反应，继续熏，连杯水都没有倒。有一次，我晚上7点下班过去，员工告诉我，"不好意思我们要下班了，您下次再来"。又一次，"不好意思今天过节，我们要早点下班，您下次再来"。再一次，"不好意思今天有团队活动，您下次再来"。连续3次没有预约上，但并没有人觉得这有什么问题。我加了其中一个员工的微信，方便预约，等我再一次预约的时候，发现对方把我删除了，我想她可能是离职了。

以上，不能说员工不负责，因为工作要求之内的事情，他们都是完成的。但是换位思考一下，如果这是你自己的店，你会怎么做呢？

如何让客户成为回头客？

用产品吸引人，用细节打动人，用每一次的认真留住人。所以，花店不仅仅是会做花，按摩店不仅仅是会按摩，每一个行业除了专业技能，都还对从业者有着更多的要求，需要从业者提供更高的附加值。我们可以把员工的技术培养得规范且标准化，但是想要提供的附加值同样具有高水准并且面面俱到，那真的只有一个方法——完全自发的主观能动性。

位置决定思维，当你身处什么位置，便自动开始思考什么问题。

这样想吧，我们全身心投入都不一定能够把店做起来，你还想着雇人来帮你创业？

每一个大品牌在成为大品牌之前，一定是创始人自己全身心投入，搞清流程，摸清门道，辛苦都吃透。创始人在这个过程中遇到的志同道合的人，高级员工也好，合伙人也罢，都要知晓彼此的目标，分工明确，一同携手往前走；而后逐渐扩大，招募新人。新人成为老人，老人成为高层，方能知晓历史，明确目标。当创始人成为管理者，一层一层踏踏实实地构建起体系，再谈是否可以放心、放手吧。

那些真正意义上的成功者，也许还没有月薪3000元的人睡得踏实、睡得久。

那些被误会的痛点

说到这个话题，我估计花店老板都要扔出一个词儿——保护瓣。

之前一些花店都喜欢把玫瑰的保护瓣摘得一干二净，导致很多客人根本不知道保护瓣这个东西，只觉得这家的玫瑰简直干净又漂亮。这几年大家渐渐开始普及正确的花材基础养护知识，店家不再摘除保护瓣，反而接到了很多关于保护瓣的投诉。

有一个客人在微博上私聊我，将另一家花店的剥得干干净净的糖果玫瑰与我的进口玫瑰"自由精灵"对比，说我的花太差劲了，并且不论怎么讲解对方都觉得我是在狡辩，一切解释显得苍白无力。

那究竟什么是玫瑰的保护瓣？

保护瓣是玫瑰在生长的过程中最早生成的花瓣，它要比花朵中间的花瓣硬朗一些。因为是连着花萼一起生长出来的，所以都会有一些变色，比如红色玫瑰的保护瓣发黑，粉色玫瑰的保护瓣发绿，紫色玫瑰的保护瓣发黄，等等。在变色的基础上，保护瓣还会有一些小褶皱。虽然不够完美，但是保护瓣在生长过程中帮助内瓣抵御了很多环境带来的侵袭，比如低温、强光直射、空气干燥，甚至病菌侵袭。保护瓣还在运输途中保护内瓣，缓解花头相互挤压造成的损伤。

最重要的是，它可以延长花期。客人买花回家后，花朵逐渐绽放，保护瓣作为最早生成的花瓣连着花萼一起，具有更稳定的支撑力，可以撑住绽放的花朵，使其盛开得更久。而如果摘掉了保护瓣，没有了最外层的支撑力，绽放后的花瓣会迅速凋落。

从另一个角度来看待保护瓣，我认为保护瓣非常美丽，自然的渐变颜色带着一点点复古感。但同时，我也能够理解客人的感受，很多客人不懂专业知识，这些花瓣确实很容易引起误会。所以，花店工作者有责任和义务来为大家做基础知识的普及，这样才能够帮助花店行业走得更好，而不是只为了一时方便，给后续的行业发展带来很多困难。

每次收到关于保护瓣的差评时，我也想过干脆以后就全部摘除，也省得反复给客人解释了，但还是从内心接受不了被剥得干干净净的花儿，像是让它们脱光了衣服，暴露在大众视野下。不能仅为了避免投诉而违背自己的内心和大自然的规律，所以，我们只有不断地普及、讲解，希望更多的人理解、了解、爱惜花儿。

除了保护瓣以外，还有那些自带高级感却总被误解的具有复古感的花材。我们在进花的时候，但凡哪种花材跟复古感沾上一点关系，价格就直线上涨，然而，它们却总在零售中遭遇滑铁卢。要么卖不掉，要么被投诉说花是坏的。

大家近些年来追求复古风、"姨妈色"口红、焦糖色大衣等，怎么到了鲜花就接受不了了呢？

茶色的桔梗、泛黑的传奇玫瑰、复古橙色的弗朗、咖啡色的卡布奇诺玫瑰，等等，它们都很迷人啊。真心希望除了鲜艳的颜色，人们可以更多地注意这些旧旧的美感。它们不是不新鲜，它们也是美人儿。

还有，很多客人订花时搞不清楚花礼的名称和款式，在沟通上经常闹误会。他们也不清楚收到的花应该如何养护，以为收到的花不用管就可以存活。有朋友问我花必须要插在水里吗？只给花头喷水不行吗？我哭笑不得地回了一句，你很渴的时候不把水喝下去，只舔一下，可以解渴吗？

还有客人会给一张花篮的图说，给我包这样的花束。我们便照着图中的色系包了花束，结果客人很生气，问为什么不按照图中的样子来，我说因为您说了要花束啊。其实，很多客人根本搞不明白花束、瓶花、花篮、花盒、手捧花到底有什么区别。

这里也讲讲花的款式、名称以及养护方式。

最常见的带包装纸的包成一束的叫作花束，收到以后需要尽快拆开包装将花插在花瓶里，每天清洁花瓶、更换清水，给花儿斜角45度剪根以保证水质清洁，增加花根的吸水面积。虽然麻烦，但花束送人比较适合，显得大气。

装在花瓶里的叫作瓶花，收到后也是每天换水、剪根、清洁花器，适合在看望病人、恭贺乔迁之喜时赠送，因为它很方便。花瓶是配好的，避免客人没有花瓶还要现买或者懒得买的尴尬。

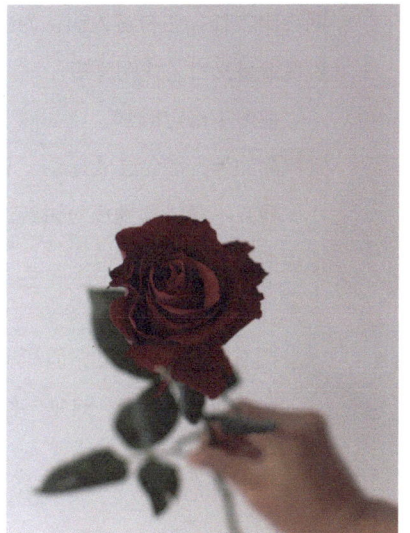

插在篮子里的叫作花篮，插在盒子里的叫作花盒，里面放了花泥，收到后每天给花泥浇水即可。花泥里吸满了水，就可以让插在花泥上面的花吸足水分。

花盒（花差不多都在同一个平面上）的花期比凸起花盒和花篮长，因为平面花盒里的花根部较短，花朵距离花泥更近，吸水更足；但花篮造型好看，层次分明。

结婚时新娘拿的叫手捧花。手捧花不会用包装纸，我们会在花柄处缠丝带或蕾丝等，方便手握。我们一般会在手捧花根部做简单的保水措施，婚礼前一晚拿回家需要拆开保水的那层玻璃纸，找花瓶插起来，让根部入水即可。

其实每份花礼我们都会附上养护说明和养护剂，可是很多客人收到花之后根本不看，导致花因为缺水或者养护不当迅速凋落，从而责怪花店说花朵不新鲜。鲜花是有生命的，生命是需要好好照顾的，如果不管不顾，花期肯定就会大大缩短。

还有一点，即使再精心照顾，花朵也是有花期的，时间到了也就凋落了。生命的时间轴，在鲜花身上看得最明白。

另外，不要给花头喷水，水分如果挥发不出去，会导致花瓣腐烂；也不要让花头晒太阳，温度升高会让花加速变软，耷拉下来；放在暖气上面也不行，温度太高花会凋谢得快。整理好花之后，将它放在阴凉处即可。

每种花的花期也不太一样，比如南非类花材、菊科类花材、木本植物、康乃馨的花期会比较长。还有客人误认为越贵的花花期就会越长，但比如超级贵的大卫·奥斯汀的玫瑰就是又贵，花期又短。

很多不确定因素，比如冷了、热了、晒了、蹭了、碰了，甚至环境嘈杂、人太多、空气浑浊等，都会造成花朵一定程度的损耗从而影响花期。

我会不厌其烦地反复讲解这些基础知识，多一个人知道，他手里的花儿们便可以活得更久。

花不是生活必需品，但却可以带给人精神上的巨大抚慰。

认真地去感受吧，这是一件很奇妙的事情。

和合伙人合作就像谈恋爱

合适的恋人太难找了，合适的合伙人也是如此。所以大部分的合伙人都不欢而散了。

我在尝试了与3个合伙人合作后，知晓，如果我不打算把公司做大上市，那么就不要考虑合伙人的事了。

当然，这只是我，也有很多人合伙将生意做得风生水起的。这背后一定也是有着一些故事的，就和每个家庭都有难念的经一样。

有段时间，我恨不得自己能有一个分身，然后24小时像陀螺般旋转着。员工是有的，可是基本都是在执行，管理和设计以及决策全部要自己上，除此以外我还负责文案、策划、进货、推广、摄影、后期、监督、把控等。基本上，我除了不做零售订单，不打扫卫生，其他全都做。

我开的是花店，也就顺理成章地把员工都往花艺师方向培养了，结果大家都只会技术。员工多是刚出学校，做事愿意多想一层的太少。我除了身体上不太劳累，大脑真的是始终保持高速旋转，晚上做梦都梦到临睡前没想明白的工作。那个时候，我对有一个能够帮助我的合伙人非常期盼，也确实去寻找过，但太难了。

首先，品牌最艰难的阶段已经过去，所有的路基本已经摸顺了，现在进来的合伙人基本上只需要帮忙分担工作即可。但如果仅仅分担工作，相当于依然要听你的工作分配，一旦分配，势必就要监督结果，这个时候，分歧就非常容易出现。首先他有可能是不懂花的，所以很多东西要从头开始学起，到了看结果的时候，你发现他的学习能力并没有达到心中所想，结果打折，没有百分百完成，立刻就会联想到自己分出去的股权究竟值不值。

隔行如隔山，空降兵要进入实际的工作，会有非常多的问题。

所以，要么合伙人从一开始就齐头并进，共同建立品牌，要么就是从员工中提拔起来的，前提是他们必须对品牌的过往、技术、人员等高度了解和熟悉。

如果有合伙人加入，最好在工作方向上有所分配。比如一个抓技术、负责培养花艺师、抓作品、出设计、策划宴会方案、现场执行，另一个做市场、找客户、做营销、出方案、拍图片。性格最好也是一个温和一点，一个快人快语，从技能与性格上互补。

我性格急一点，当做砸某件小事时，很容易烦躁，便将事情扔给一个执行力超强的小伙子来善后，他每次都会处理得非常好。我常常后悔，觉得自己根本就不应该去做，反倒是在给员工惹麻烦。所以，让性格适合的人去做适合的事，就会又快速又省力。

一旦工作方向不同，那么就只需要对自己负责的事务全身心投入，决策也都是自己来做，不会有太大的争执。决策者过多，也经常会搞砸一件事情，甚至搞砸一个品牌。

另外，还要看双方的目标是否一致。你的目标是做自己喜欢的东西，他的目标是利润最大化，谁都没错，但如果你们经营的是同一个品牌，那就有问题了。

为什么说找合伙人就像选恋人，因为三观一致最重要，否则就是怨声连连以致分道扬镳。而目标也许会随着品牌发展而改变，这也是为什么很多人刚开始很好，走着走着就散了。

很多合伙人开始时是朋友，熟悉彼此的秉性，喜好也相同，发现有着共同的目标后便一拍即合，一起做事。结果最后事情没做好，友情也没了。

虽然我很不赞同朋友间成为合伙人，但确实不可避免。只能说，千万不要因为是朋友就不清不楚地合作了，到最后很多问题掰扯不清楚，双方都委屈得很，问题也依然得不到解决，最后老死不相往来。

人与人的关系一旦与利益挂钩，双方考虑的东西立刻就复杂了起来。合伙人不但在生意上合作，利益、能力与时间也交织在一起，梦想和未来也是如此。眼界、智慧、经验、格局、成长，这些都决定着合作的未来走向。

后来我总结了一下，合伙人的需求也是阶段性的。

第一阶段，起始阶段。此时我们对于合伙人的需求是，这个人坚定地跟我站在一起。初期的迷茫、孤独有人跟你分担、讨论，安全感就有了。

第二阶段，苦力阶段。此时有了一些生意，工作亲力亲为，双方都是拼尽全力，一起努力，一起辛苦，一起享受成果，安全感也是存在的。

第三阶段，自我探索阶段。稳定期度过，来到了品牌的上升期，个人的能力和思维是这个阶段最重要的事，合伙人在这个阶段最重要的是同频。你上进，我也上进；你探索，我也探索；你有感受，我也有感受。然后碰撞出火花，继续充满激情地慢慢往下走。很多人会在这个阶段出问题，有的人进步快，有的人进步慢，成长的不同步会放大双方的差距，这也是很多夫妻能够共苦却不能同甘的原因。

嗯，找合伙人跟找恋人差不多。

希望已经遇到合伙人的你，在整个合作过程中一直与其保持着思维高度的同频。合作是一场长久的经营与绑定，能遇到合作得很舒服的合伙人很幸运，若遇不到，就先逼自己成为全能选手吧。

该从哪里开始呢

对花店的定位是什么

花店的类型有很多种。我从自己接触到的常见的几种类型来介绍,包括零售花艺类、婚礼花艺类、商业活动策划与商业花艺类、空间花植艺术装置类等。

零售花艺类以单个客户订单为主,主要需求点为"今天朋友生日,需要定一个花篮""今天我求婚,需要一束花"等,要求客户购买体验感好,服务专业、迅速,花材品质好,派送无误,售后负责。

婚礼花艺类和婚礼公司合作比较多,以婚礼宴会、宝宝宴、求婚等特定场合的花艺制作为主,要求能够准确计算花单及合理报价,统筹现场的工作,分配人员、控制插花速度,处理突发事件,和婚礼策划师高效沟通等。

商业活动策划与商业花艺类为酒店、品牌发布会、地产开盘、汽车4S店的活动等服务,需要对乙方需求有着充分的了解,明白如何制作计划书投标竞标,了解现下的引爆点,知道如何吸引现场参与者的注意、保证现场效果,以及如何将花艺设计得别出心裁,和其他领域进行跨界组合,等等。

空间花植艺术装置类也以服务商业客户为主,提供商场、酒店、高级餐厅的装置以及服务于一些沉浸式的展览。其产品主要是为了体现场地的空间感及艺术性,以引起情感共鸣与人群互动为主要需求,同时也要注意灵感的摄取、方案执行的把控,以及入场时间、花材花期的稳定性和后期的维护。

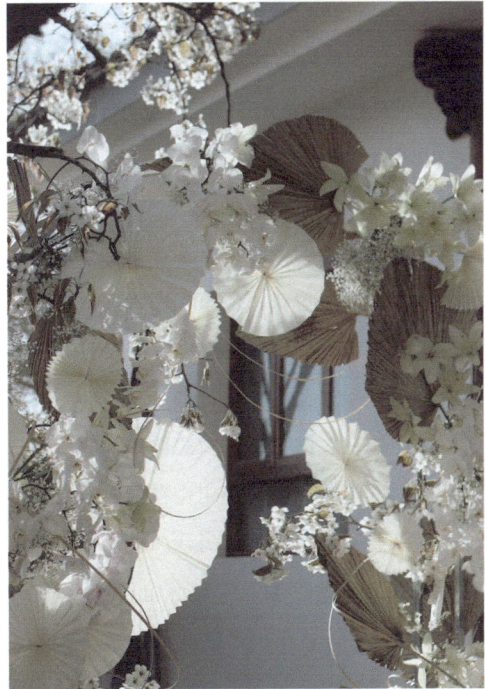

每种风格的花艺的商业前景以及侧重方向都不同，虽然都是花艺，但还是有着隔行如隔山的差别感。我经常发现有新手对自己的定位不准确，结果学错了方向。

有的人明明想做婚礼花艺，结果学了零售；有的人想要开花店做零售，结果学了空间花植艺术装置。学习到的知识和内心实际想做的方向有偏差，会让知识的利用率降低。如果是学习能力强、能举一反三的人，那么不论学习什么对自己都会有帮助，通过一点一点摸索实践，最后将知识变成自己的经验。但很多人的变通能力不是那么好，学习结束可能就是一脸蒙的状态。

我在刚开始的学习中，也存在着很多错误。

第一次的学习，我在学习之后才发现学的风格与作品跟我想要的大相径庭。教你如何把9枝康乃馨包出大花束的感觉，每枝花上面裹很多纸和纱；教你如何包小熊，插花不讲配色，用的全是康乃馨和非洲菊，看见一个小雏菊都能激动好久。

学完后，我分不清鲜花和永生花，很多花材不认识，不会配色，遇到问题也不知道该问谁，感觉问了也得不到解答，因为老师的知识储备和我所需要的东西是完全不同的。

这就是选择风格出现了明显偏差。但当时学习的途径并不广泛，我的知识面也很狭窄，学校也不给购买渠道，基本还是处于一无所知的摸索状态，一点一点地找自己的风格。

第二次学习就准确了很多，我学习到了正确的配色知识，以及作品中很重要的高低层次空间知识，但依然存在一点偏差。我找了一位主教婚礼花艺的老师，但我的店铺主打的项目依然是零售，所以在零售产品上我依然在摸索，但是制作作品的技术和审美上我提高了非常多，并且这给我后来做婚礼宴会花艺打下了基础。

所以，除了确定好自己的花艺方向外，还要确定风格。同花艺类别中依然有不同风格，比如在零售花艺中有着传统风格，特点是产品大而实惠，虽然有着固定的购买群体，但很多传统风格的花店也在寻求改变和转型。还有现下流行的韩式风格、自然系风格，以及很多品牌独特的自我风格。新手对于花艺还不是很明白的时候，可以多在花艺书籍、社交平台等渠道中对这个行业进行一个大致了解，之后再来确认自己的真正喜好，给自己的花艺未来进行基础定位，方便在学习以及实际进入行业时更好地融合。

当确定好定位之后，其实很多东西就明确了。要找什么风格学习，期望品牌未来朝什么方向发展，希望自己未来是什么样子等，我们可以根据这些来圈定购买群。

这世上的钱赚不完，最有效的方法就是确定自己的客户群是谁，那么，所有的产品定位、吸引点、价格设定等都是为想要吸引的那一部分客户群量身定制的。

明确客户群后，进行下一步工作就会很顺畅。了解顾客的年龄层、喜欢的东西、常去的场地后，我们该找哪些合作方，做什么样的活动，设计怎样的方案去吸引那一部分客户，就很明显了。是不是发现逻辑很重要？任何事情从头梳理之后，都能让原本苦恼的一些问题迎刃而解。

所以，先想清楚自己究竟要做一个传递什么价值的品牌。

花店应该选在什么位置

先来说说我自己开店的位置。我有一间花店、一个花艺培训的院子、一个香氛和服装工作室，还有一间护肤与花的店铺。花店在市中心的一条小巷子里，很多人抱怨过太难找。花艺培训的院子在兰州的一座山上，别说偶遇了，就是发了定位认真找也不一定能找到。香氛和服装工作室在花店旁边巷子的高层住宅里。只有最后一间，护肤与花艺的店铺是市中心的临街铺面。

好，先不说最后一间店，来看看之前说的所有店铺，没有一间店面是好找的。在寻找店面的时候，暴露在大家的视野内从来不是我们在意的事，反而满足自己的愉悦感才是最重要的。

辞职的时候，我就痛快地决定从此以后再也不做为难自己的事。我看似是一个很擅长社交的人，但实际上，我对于一切带有目的的社交，或者我认为无效的社交强烈排斥。若让我把店开在人流量巨大的位置，我可能会率先崩溃。

就现在的花店，偶尔进来几个客人，一旦无目的地停留5分钟以上，我整个人就不太好了，感觉呼吸急促、手忙脚乱，做什么都静不下心来。所以，如果具有非常好的社交能力，且不会将这些视为负担，并且对于品牌的初始考虑就是想要走商业模式，那便可以考虑在繁华地段开设街面店铺或商场店铺。

这一类店铺的特点是租金高、人流量大，可以快速地传播品牌及持续拥有上门的客户，但同时也需要考虑商场的营业时间、全年无休等问题。团队的倒班运转、成熟的商业作品、优秀的接待能力是开设商场店铺及繁华街面店铺的前提保证。同时，需要考虑专业的陈列以及日常鲜花铺货问题。另外，嘈杂的环境以及持续的上门客户会导致花艺师难以拥有安安静静设计作品的时间和状态。

所以选择这一类开店方式的人，除了社交能力，还需要有着快速的商业反应，因为这类店铺基本上是完全暴露在大众视野内的，容不得马虎。一旦节日活动跟不上、购买体验跟不上，口碑会迅速下滑，所以开这类店的人需要比开工作室的人拥有更敏捷的商业反应及嗅觉，以配合曝光式的营销模式。

如果跟我刚开始开店一样无法接受商场及繁华街面店铺，但又不愿意将店开到住宅区里面去，那么可以考虑闹中取静的道路旁及巷子里的店铺。这一类店铺的特点是房租会略低、安静、有少量上门客户，既保持了一定的曝光度又不会太过喧闹，其基本性质跟住宅区内的工作室差不多，但毕竟还是算店面。对于客户来说，安静的店铺比起住宅区内的工作室，前者的体验感还是要好一些。

我自己选择了这类店铺，当然就会更偏爱，它不像繁华区域过分嘈杂，也不像工作室过分闭合，它以一种开放又自由的状态存在。比如春节假期，我们完全是闭店休息十几天，还会为了一些突如其来的短途旅行，或者每年的全店出国行闭店，甚至临时决定闭店去玩。如果是在开放的街面或商场，是没办法这样做的，负面效应太过强烈。

我不愿意选择开放式店铺最大的原因便在于不自由。好几个商场与我们谈过入驻问题，答应分配最好的位置给我们，最终我们都是因为"自由"这一点无法做到而拒绝。即使我知道开商场店铺有着诸多的优点，但都没办法抵抗我更爱"完全的自我掌控"。

最后一种是完全的工作室模式，这种模式现下也非常流行。

其特点是起步门槛低，房源好找，租金便宜，适合安静创作，但几乎没有上门客户，适合起步资金少的创业者。很多创业者都会用工作室的模式来积攒客户，等到业务量趋于稳定再选择实体店，这样从投资上来说会更加稳妥。

当然，要做好工作室需要创业者有着非常强的线上宣传推广能力以及更坚定的心性，很多工作室在前期都处于完全没有客户的状态，这需要创业者在引流客户上下功夫。

其实以上只是客观分析，更多的考量需要从自身的角度出发，参考自己的资金、性格、当前状态、所在城市的现状等因素，再来做最后的决定。当你的产品本身以及品牌的特质形成了，其实不论在哪里，喜欢的人都会不辞辛苦地找来。

创业不容易，店铺开业的那一天，只是万里长征的第一步。

怎样才是真正有效的学习

现在的花艺培训机构比比皆是，微博一搜一大把。你若是关注过花艺，网络平台就会将各种花艺培训推送到你眼前。以零售为主的培训机构的教学大同小异，用一两周的时间教你做几十个单品就结束了。

那么，真的学完就可以开店了吗？

我们来认真说说花艺学习的事。

花艺入门非常简单，一堂花店的兴趣课，也许就可以打开一扇新爱好的大门。去花市买一把剪刀，买几种花材，回家就可以自己做出一个作品来，你甚至会觉得自己的作品比街边传统花店的搭配好看很多呢。当你只懂了一点点时，很容易觉得已经比旁人了解更多关于花的知识，在友人中可以像半个专家一样讲解一些花艺小知识了。此时你会觉得开一间花店好似是一件蛮幸福的事情，做起来也不是多难。事实是，当你真正进入这个行业，才会发现越学越难学，越走越难走，会的好像已经很多，但内心还是觉得什么都不会。

看似最简单的螺旋手法，想要做得整洁利索也并不容易。学会了螺旋手法，还要注意花与花之间的层次空间感，除了一定要注意做到的技术细节，与经验有关的手感也很重要。这个感觉只有凭着大量的练习、学习、摸索、感受，最终产生质变。听课的时候明明听懂了如何进行色彩搭配，可到了自己选择材料搭配制作的时候，怎么脑袋就像变成一团糨糊了？那些花材类别的配比、搭配，好像忽然就不明白了。包装时，一个小小的折角捏不好，就会让整束花好像被禁锢了起来，而不是穿上了好看的外衣。而这些只是最基础的东西。

客观地说，市场上的培训大同小异，基本每一家都在很认真地做这件事，都希望可以把自己积攒的经验告诉大家，让新手少走弯路。尽管每一个老师的风格和教学方法略有不同，但在培训竞争如此激烈的情况下，大家都希望自己的课程逐渐优化，方法更好，让学生更好吸收，因为口碑很重要。当然也不乏一些自己的作品还不够成熟，就要开课教学生的人，这会导致学生一知半解就要去开店。

回到正题，既然培训都大同小异，那么区别究竟在哪里呢？

大部分花艺培训的课程内容里，前半部分是适合日常零售的教学，比如花束、花篮、花盒等的制作；还有一部分是提升审美、营造美感的内容，比如自然风、植物分解重组、宴会布置等。后面几项在零售中的出现频率不是那么高，所以，很多学生学完就完了，很少人预订的课程内容被渐渐遗忘，最后学生就彻底不会做了。

我有两位学生，学习结束后，一位是没有宴会就自己制造宴会，带着友人们去山野来一场花艺聚会，没有人定自然风就自己给自己做，做完找人当模特拍照。另一位学完色彩搭配，除了常用的同类色、类似色，还尝试了略有难度的对比色和互补色，没有做过的就一点一点尝试，一点一点突破，难题被破解后就不再是难题了。于是她做出了很多撞色的好作品，色彩绚烂丰富，却不显得乱糟糟，是惊艳的好看。后来，这些突破的难题，变成了他们的花店最突出的风格。

我们需要有差异化，才能让路人有记忆点。

　　所以，课堂上的每一次制作，是在老师进行了配色、配花材的现场指导下的完美模仿，不能称为自己的作品。离开之后，将所学到的知识一点点掰开、揉碎、吞下、消化，这个时候的知识才是真正属于你。不说天赋异禀的人，我们普通人除了反复练习、发觉其中奥妙以组成自己的连贯逻辑外，别无他法。当这些努力的、敢于走出安全区的人不断解锁新的未知领域，不停累积后再与当时同一起跑线的人做对比，立见高下。没有大量的练习作为支撑，去上再厉害的老师的课，到最后都是浪费。

　　若你以为我要讲一个很便捷的方法，在减少努力的同时加快学习进程，很遗憾，我还没有找到那样的方法。

工作室和实体店
装修需要考虑什么

把杂物全部藏起来的本领，是一项很重要的本领

像我这种特别爱一次买一大批东西，觉得单件购买特别没意思的人，如果不搬家，可能根本意识不到自己究竟囤了多少东西。店面重新装修时，光包装纸就翻出来了无数张，都是几年前剩余下来的，扔吧觉得浪费，不扔吧占地方。光花器就整理出来了二十几箱，买裹花器的气泡纸花了600多元。除了这些，还有无数的花盒、花篮、提篮、纸盒，多是莫名其妙的东西和很多年前就买回来还没卖完就过气的东西。一旦失去新鲜感，或者发现更好的东西，之前的东西宁可就那么放着也不想再继续销售了。

于是，东西越来越多。店面刚装修好时清爽整洁，后来完全变成了老爷爷的杂货铺，当然这是好听的说法，实际上就是脏乱差。断舍离的能力是真的需要加强一下了。

当然还有一个重要的问题——收纳，收纳真的太重要了。新开店的同学，千万不要觉得自己的东西不多。这就跟一个家一样，住的日子久了，越来越有人气儿，东西也就越来越多了，很大一部分人气儿也是靠这些物件一点一点地堆积出来的。请一定尽全力做好收纳工作，在不影响美观的前提下，能够储存东西的地方一定要全部提前考虑到，否则最后就是越堆越多，到处乱塞。

所以后来装修，特意修整出来了一个完整的储藏间。这要是放在从前，肯定觉得简直太浪费地方了，但这几年下来，我觉得有一个单独的储藏间真的太有必要了。

有了储藏间也不能乱塞，否则找起来会很麻烦。我们的储藏间中有两个货架，主要用来整齐堆放一些必备的花盒与花瓶，这样能一目了然。货架的顶部距离房顶还有一段距离，空间比较大，我们会把轻材质的花篮整齐地摆起来，全部摆放至顶部。还有一些新到货的没有拆箱的物件，我们会用记号笔在箱子外侧写清楚装有什么东西，然后摞起来，少占空间，想找的时候直接看外侧书写的内容即可。

在购买一些家具的时候也应考虑收纳，很好看的柜子不能光用来当拍照道具，我们也会往里面放平时搭配拍照用的小道具，如酒杯、餐盘、刀叉等。这些零散的小东西稍微不注意就很难找到，所以一定要找一个统一的地方保存，分类分区域收纳，想要找的时候才不会两眼一抹黑。办公桌附近的收纳就更加有必要了，对公的印章、重要的文件、日常的票据、随手的小物，把我办公桌旁边立柜的5层大抽屉和3个小抽屉塞得满满当当。其实，里面有很多是一年半载都不会用的东西。断舍离啊！这句话我要与你们共勉，用不到的东西，就赶紧扔了吧。

除此以外，也非常有必要给员工设置储藏柜。员工的水杯、饭盒、包包、外套、收到的快递等，都要有地方存放，否则，摆放太多私人物品的工作区域还是会一团糟。

把杂物全部藏起来的本领，是一项很重要的本领。

操作台的习惯性设计

在面积允许的情况下，请一定将工作区与展示区分开。在花店工作过的人都知道，花店永远扫不干净，只要有制作订单，地面立刻就乱了。枝叶、根茎、包装纸的边角料、散落的丝带……如果这个时候进来一位客人，会很影响其购物体验。我如果进入一家正在工作、很乱的店铺，第一反应是人家正在忙，我就不要添乱了，所以会加速离开。

我们的工作间有3个功能：换水，备用花材的存放，以及花艺师的工作台。在想清楚

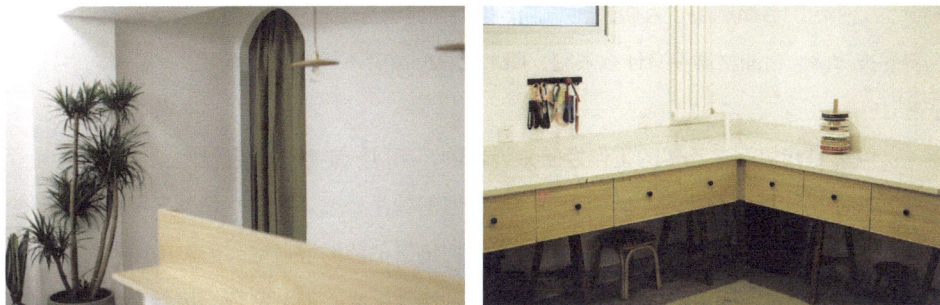

自己的工作间需要承担的职能之后就来想一想，在这些所需的区域应该如何摆放东西，以及如何将其设计得更方便、简洁。

首先是水池，我们在工作室里设置了两个水池，一个矮一点，距离出水口远一些，这是方便给花桶接水换水。花桶比较高，如果水池做高了导致水桶放不进去就很糟糕。另一个水池会高一点，距离出水口近一点，主要用来给小巧一点的花器加水和换水，也方便对瓶器进行清洗，工作人员不用蹲下或者大幅度弯腰来清洗，会更舒服一些。水池的下方会留出空间，专门存放清洁用品，不用到处乱放东西。存放处有一个防水帘，也不用担心东西被水淋湿，整洁、美观。放花材的位置打了两层深度为35厘米的水泥台，上下两层，长度为3米左右，大约能放十来个花桶，日常的花材储存大约就足够了。注意，这里是用来进行备用花材的储存，不是展示花材。气温比较高的地域的同学还要考虑留出冰箱的位置，西北的夏天不是那么热，早晚温度都会降下来，所以我们没有采购冰箱来储存花材，热的时候开空调就够了。

我们有6个花艺师，每人有一个进深60厘米、宽度80厘米的工位，所有工位都靠着墙壁，这样可以将工作间的中间部分空出来，看起来比较宽敞。每一个工位下面带一个隔层，里面可以放每个人都需要的工具，如热熔胶、冷胶、环保铁丝、订书机等。每人一个独立插座，可充电等，这样花艺师就不用来回跑。工位面前的墙壁上钉着可活动的横杆儿，用来放比较常用的包装纸和丝带；还有一排挂钩，用来挂花艺师常用的剪刀。这样就会把储存空间分解，减少实地使用空间，扩大视觉面积。

工作台的台面选用了人造大理石，洁净明亮，也方便清洁，胶或者胶带的痕迹都比较容易被擦除。台面材质没有什么限制，用木头桌面或者不锈钢桌面都可以，看个人喜好。

以上是我根据这几年的工作经验来设计的，所以一定要考虑自己的工作习惯，最舒服的设计一定是最方便的，能让人进入最习惯的操作状态。店面装修展示区会以大家的个人喜好为主，展示作品更美好的状态，把握场景拍照的好看度。但工作台在美观大方的基础上，一定要注重实用性，否则在后续的操作中会有很多麻烦。虽然大家会慢慢习惯，可我总是会想，如果我当时做得更舒适一点呢？

舒适也是一种安全感呢。

拍照区域是如何布置的

很多人在装修的时候意识不到拍照区域的重要性，只考虑了工作区域、展示区域、会谈区域，然后等到真正开始工作了，才拿着花到处找拍照的地方，要不就是在店里凑合着拍，照片总是不令人满意。

我在上一次装修的时候虽然有考虑到这个问题，但是我忽略了光线。其实上一次装修后，店里很多地方还蛮好看的，但是光线被前面的一幢高楼遮住大半，我忽略了这个问题，将整体色调装修成了灰色与深木色。原本光线就不是很好的店铺，因为大面积的灰色与深木色，被映衬得更黑了，加上店里的黄光，拍出来的花的照片无一例外泛着深深的黄色。这导致我为了呈现花的自然色，满巷子寻找合适的背景拍照。

于是，这一次装修我便吸取了这个教训，将主色调改成白色，搭配原木色的家居，整体看来干净清爽得多，也比较百搭，搭配什么色系的花都不突兀，包容性很强。我将原来的小格子窗户也全部拆了，换成了大的落地窗，所以，即使本身的光线不是那么好，但由于大面积的白色以及透明的大落地玻璃，像是处处都有打光板，即使不开灯，拍照的光线也足够用。对灯光的选择也汲取了教训，将灯泡换成了3种色调——白光、浅黄光、黄光，可交替使用，这样，想要什么模式就可以立刻变换光源，方便实用。

我的展示区域也由原来的集中展示，改成了现在的场景式展示。简单说，就是从前有一个区域专门用来放花，一大堆花材堆在一起，为了展示，有可能会呈现五颜六色的场景，这会导致整体色调比较乱，不懂花的客人很难分辨出自己究竟要将哪几个颜色的花材拿回家才可以搭配得好看。而现在的场景式搭配就是每一个区域就像一个小场景，客人可以根据场景来想象这个花摆放在自己家中是什么感觉。我自己购物时，一旦对方用一个场景来呈现这个物品，我就很容易联想起自己家里的场景，想象拿回家是否好看，这个场景会增强我的购买欲以及购买的可能性。于是换位思考，我将自己的体验加入了花店的展示中。

每一个花材或者花礼都是与相应场景非常符合的，这就避免了颜色的混乱让人产生视觉上的不舒服感。

当场景与花完全搭配的时候，光线满足了，拍照就变得更加简单了。

除了背景色、光线、场景以外，还有很重要的一点就是软装饰。一个家只有物品齐全的时候，才能让那人感受到真正的生活气息，店里也一样。我虽然很想追求整洁感，但是必要的生活气息还是需要营造的，这样拍照才会更接地气。

因为店里的主色调是白色和原木色，所以配饰也多以棉麻与原色藤编类物件为主，如棉麻的沙发、抱枕，藤编的收纳篮。客人可以在外套和包放在里面，沙发旁边会搭配落地灯，桌子上会搭配台灯，这些生活气息很强的物品会增加不少舒适感和安全感。

墙上会简单贴一些复古风的卡片、装饰海报来搭配桌面上的蜡烛和香薰；墙上还会挂一个藤编小包，好像是女主人到家后随手挂起来的。这些细节可以提醒客人，自己在家中也可以这样来营造气氛，然后搭配上花，便非常美丽了。

墙上可以挂一面好看的镜子，客人选中物品后，可以在镜中观察其是否与自己协调，这也是我自己购物时的体会，每次照镜子都是非常开心的。家具的空隙处加入了绿植，如散尾叶、虎皮兰、针葵、天堂鸟，我特意挑选了适合在西北区域生长的好养的植物。植物真的是非常奇妙的东西，一旦某一个场景有了植物的存在，好像立刻活了起来，生机勃勃

的状态就有了，让人忍不住想要停留得更久一点。

　　有了植物、沙发、棉麻、镜子、木头、藤编、蜡烛、海报、台灯……店里的每一个区域都可以变成拍照区域，并且可以根据配饰的更换与搭配来呈现不同的风格。更简单的，留白一整面墙，任何花都可以放进去拍。每个人的审美、喜好各不相同，这样便可以呈现许许多多美好的作品。店主的用心，顾客一进店铺便可以感受到。

　　每一次重新布置装修，都希望这次不要留下任何遗憾，但每一次还是会有一些小问题。可当一个人做事完美的时候，好似没意思了，当你有了裂缝，光才能够透进来。

　　所以不要在意那些不太满意但已经无法修改的地方，那些才反映了更真实、更贴切的你。

新手开花店应该注意什么

新店应该如何备货

备货分为两个部分来讲，一个是日常零售备货，另一个是节日备货。除了备货量的问题，还有备货品种和色系的问题。

日常零售备货也需要分为商场、街面店铺以及工作室的备货。

如果是人流量比较大的店铺，那么就存在一个问题，即需要在被大家看到的第一眼就被分辨出这是一家花店，除了店面的招牌以外需要有大量的花来引起大家的注意。

工作室的灵活度就会高一些。首先，因为上门的客户流量不会很大，所以就可以免去摆放给别人看的这一部分花，只需要备好足够日常销售的花就可以了。

但新店很难计算出销售量，总是会出现今天拿货了，结果没有人来买，最后损耗掉了；或者今天没有拿很多货，结果临时来了好几个客户，因为没花只能眼睁睁地看着订单流失的情况。

工作室的销售模式主要是线上销售。因为我的花店在巷子里，开店初期自然上门的客户也不会很多，也就免去了要摆给人看的这一部分花。对于线上销售部分，我的方法是不断地在所有发布的文案中提醒顾客需要提前预订，以便能提前准备足够的满足大家需求的花材，满意度会更高。

培养客户养成预订的良好习惯，会减少很大一部分损耗。

遇到临时接到订单，但已经没有花材的情况，我会告诉客人今天的花已经售空了，下回请一定记得提前预订。

如果你所在的城市有花市，那么在可行的范围内尽量选择在离花市近的区域开店。这样即使临时缺花，也可以请供货商尽快补送花材。

其实在初期时我比较少遇见客户临时订不到花的情况，因为店铺离花市比较近，开车不到10分钟就可以到达。其次，即使没有订单，我也会拿花材回来自己进行练习，然后将做好的作品拍照发布，这样也许客户看到会产生临时性的购买意向。对于有临时需求的客户，我会尽量推荐现有的花材。

建议不要让自己停下来，有订单就做订单，没订单就自己制造订单。忙起来会减少焦虑，停下来会更慌。

然后是备货品种，如果想让一个作品有层次又好看，那么需要注意保持花材形态的不同和丰富性。我会在一个作品中使用块状花材（主花）、散状花材与线条花材（配花），并注意点缀花材以及叶材的搭配，总结为4个字就是主、配、点、叶。

同时还要根据色系来拿货。比如，零售中最常用的色彩搭配方法是同类色搭配，整个作品是同一个色系，如粉色系、红色系、紫色系、橙色系或其他。那么我们在拿货的时候就要根据色系来搭配颜色，如浅粉到中度粉到深粉、浅紫到中度紫到深紫，这样的层次关系会让作品看起来更灵动。

另一个常用的方法是类似色搭配，如粉紫色系、橙红色系、黄橙色系等。两种色系混在一起，但是颜色相近、过渡自然，我们在拿货的时候选择范围就会更大一些，但依然要注意颜色的深浅变化以及颜色的比例关系。比如黄橙色系中，黄色为主色系，橙色为辅助色系，那么黄色花材的比例就要更大一些，如70%，橙色花材的比例为30%。这样，主次关系便能够被表达出来。

当然还有一些其他的色彩搭配方法。当自己的搭配经验逐渐丰富，在备货上便会游刃有余了。

再来说一下节日备货。

我的节日备货原则是，不管究竟有多少客户找我买花，我主要关注自己究竟能做出来多少产品，以及做好这些产品的派送和售后工作。

节日期间订单量大，出错的概率就会变高，所以不要求多，一定要求稳，尤其是新手，要避免盲目增加订单量，否则可能会导致自己没办法完成。

我的建议是先确定自己要出什么样的产品，节日期间其实不太推荐进行单个定制，这样会增大沟通成本以及增加订货的麻烦（节日期间很多花材供应不稳定，平常有货的，节日期间不一定有货）。所以要提前打样，确定自己要出的几个款式。新开的花店的产品款式不用很多，推出有代表性的款式即可。做零售，节日是很重要的关卡，要确定自己是想要做更有风格的产品，哪怕大众接受度不是那么高；还是要迎合市场，做接受度更高的产品。

确定要做什么之后，给自己一个量的限制。比如新开的花店，如果只有1~2个花艺师，那么订单量可以限制为40~50单（仅供参考，根据自己的实际情况进行衡量）。然后为每个款式分配花材数量，哪个款可能会订的客户比较多，分配的数量就多一些；哪个款式比较昂贵或者小众，分配的数量就少一些。然后根据每款的花材以及总数量来计算出需要预订的花材数量，将花单报给供货商，要求提前备货。

注意留出损耗的数量，每种花在预订量外再多订几扎作为备用花材。花材应提前2~3天到店，并入水养护，保证到节日前一天使用时花的状态是最好的。

可以用一个节日来进行测试，看看自己估算的数量是否准确。如果说这些订单都完美完成并且做好了派送和售后工作，那么在下一个节日就可以适当增加预估数量；如果并没有卖完，那么在下一次节日的时候就可以根据参考值重新衡量了。

经验逐渐积累，信心便也会一点一点增加。

商品应该如何定价

定价是一个很私人的行为，因为每个品牌的定位以及付出的设计或者成本都不同，但同时我们又需要考虑到这个价格投放市场之后的反馈。我们眼中再好的东西、再合理的价格，如果没有客户买单，那么就一定存在问题。

所以跟大家分享几个我定价的方法。

首先，行业内公开的通用法则是"成本乘以3"，但这实际上是要分情况来使用的。如果你的店铺房租很低，店内的装饰也简单，没有员工或者员工的薪资不高，那么乘以3或许还能够赚一点。不是以上情况，那么成本乘以3，几乎就是持续亏本的状态了。

所以，我通常会用成本乘以3的结果作为参考值，先算出一个市场价格，再根据自己的认知来确定它是低了或者高了。这里面涉及一个成本问题。很多人对于成本的计算是，这束花里面用了多少花材以及几张包装纸，忽略了房租、人工、水电、杂费以及最重要的技术。

学习培训的时候，动辄上万元的费用就花出去了，这部分确实很难向客户描述。那么我们来看作品，如果我们仅仅卖花材，客户直接去花市供货商那里就可以满足需求，为什么还要找到花店呢？这是因为花艺师通过自己的技术和审美，从色彩、空间、层次、形状等方向，运用技巧性的行为将花材组合在了一起，让其成了一个花艺作品。所以，我们卖的不仅是花材，技术才是我们最大的成本。

除了这些显而易见的成本，还有一些不那么显眼的成本，比如丝带、花泥、玻璃纸、卡片、养护卡、养护剂、信封等。这些东西分开看都不起眼，合起来就会发现也是一大笔费用，所以也需要考虑到这些细小的成本。

同时，花店的产品比花市供货商的产品还多了一些含义，那就是礼物感。我们会为了一份花礼去琢磨它的包装、丝带的搭配、卡片的内容、字迹，要去感受收花人收到这份花礼时的感受，发现哪里不够满意需要调整。所以，花店出售的不仅是一份花礼，还有订花人的一份期待和收花人的一份惊喜，这才是客户的实际需求。

所以，价格中还应该包含愉悦的购买体验和靠谱的售后，因为我们为这一份愉悦做出了努力。在国外，花店会坦诚地收取一项服务费，这是对提供了好的服务的人员的尊重。

除了成本这一构成点外，我还会注意作品呈现的美感。比如一份花礼的实际成本并不高，但是做出来后非常美丽，观感是远远超过它本身的成本价值的，那么这个时候，它的定价就会上涨了，因为美为它增添了价值。

同时还有一个方法是，站在客观的角度来感受作品。比如大家对一个作品的定价有争议，我便会让同事们站在一个完全抽离作品的客观角度去揣摩价格。比如我是一个不懂花和不懂技巧的人，只凭我第一眼看到这个花礼的感受，来决定自己愿意掏多少钱为它买单，然后将大家的价格集中在一起，选择出现频率最高的区间，在区间内确定一个价格。

价格通常也是和大小成比例的。我们有一个相应的尺寸和价格的关系表，比如花束直径40厘米卖多少钱，60厘米卖多少钱，如果里面加入进口花材，那么价格也相应地会产生变化。

还有一点，就是与同行的差异化。如果这个产品全城的花店都能做，比较普通，大家去找参考价格很容易，那么这个产品的定价就需要根据自己的品牌来决定是与平均水准持平，还是高于或低于平均水准。

如果这个产品只有某品牌可以做，或者说成品的美感与其他家有很大的差别，那么差异化就有了，这也可以适当增值。

具体的价格是要根据每个品牌所在的城市、客户所属人群以及人均收入水准来确定的。所以，环境不同时，价格的参考价值大不大，还是需要自己根据实际情况来衡量。

最后请记住，设计与想法才是作品最大的价值，这也是为什么我们经常能够看到一些很棒的花艺品牌可以和一些高级品牌进行固定的合作。好的作品并不是全部由昂贵的花材堆砌而成的，而是有着专属于客户的设计理念以及含义。当一个作品被赋予了意义，那么意义便是该作品最大的价值。

所以，我一直认为，我们还处在仅用花材去计算成本。如果仅用花材来计算成本，花艺师迫切地需要成长。

同时，我们应该清晰地认识到，好的品牌一定是要盈利的，只有盈利才能够产生正向的循环，这个品牌才是健康发展的。如果一个行业只能靠比拼低价来赢得客户，那么，客户可能失去了一些看到更好的花艺作品的机会。

如何应对零售客户的不同需求

新手接单的常见场景一

—— 客户：今天店里有什么花？发几张照片给我看看。

—— 客服：好的好的。（忙不迭地把店里的花材拍了一堆照片发过去。）

—— 客户：哎呀，我觉得都不好看，还有其他的吗？

—— 客服：您稍等。（又拍了一堆照片发过去。）

—— 客户：哎呀，怎么还是没有喜欢的，我再看看吧。

结束。

新手接单的常见场景二

——客户：有什么好看的花瓶吗？

——客服：有的。（拍了一堆照片发过去。）

——客户：哎呀，感觉有点小，还有其他的吗？

——客服：（又拍了一堆照片发过去。）

——客户：不知道和我的花配不配，该选哪个啊？

——客服：这几个都可以呢，您选选看。

——客户：好的，我选一下。

没有后文……

我们来分析一下，以上两个场景中的客服有哪些问题。

新手接单的时候，很容易犯的一个错误是，因为希望得到客户的订单，从而不由自主地顺着客户的思维走。但实际的情况应该是，我们比客户更专业，所以应该由我们引导客户的思维，而不是完全顺着客户走。

第一个场景中，客户说发几张照片看看。客户在不懂色彩搭配和花材搭配的前提下，光看花材，其实是想象不出哪个和哪个搭配在一起好看的。这个时候，客服的职责就是询问清楚客户使用花的场合和需求，是送给长辈的、送给女友的还是送给普通朋友的，或是自己在家里摆放的，这样我们才能够根据客户的需求大致确定色系。比如送长辈，选择红色系的就会多一些，因为红色系有着庄重的祝福感。如果送女友，那么粉色系、淡雅色系或是热烈的红色系也可以。

不同色系代表着不同情感，比如粉色系，大家联想到的关键词可能会有甜蜜、浪漫、初恋、可爱等；说到紫色系就会想到神秘、华贵、优雅；白色系会想到哀伤、纯净、简单、清爽；红色系会想到祝福、节日、热烈、庆祝等。所以每个色系都会有一些延伸的情感表达，当我们知道越多对方需求中的关键词，那么心中可以推荐的对应色系也越明确。

所以我们在面对不同客户的不同需求时，其实都可以通过这种方式引申出比较适用的色系。

接下来我们还需要知道客户的预算，在客户的预算内推荐合适的花礼，这样成交的概率就会更高一些。

很多客户可能不好意思直接说预算，或者不知道说多少钱合适。此时我们可以采取两种方法。一种是直接给一个价格区间，比如我们的价格区间是200~800元（根据自己的实际情况来告知对方），价格高低对应着花礼的大小，然后发几张不同大小的示意图，说明300元的大小、500元的大小，客户就会从中选择自己觉得合适的价位。（除了大小以外还有花材的选择，如果有进口花材，则价格另算。）另一种更为委婉的方法，就是询问客户是想要大一点的花礼还是中等大小的就可以了，或者是精致一些的花礼。把生硬的数字用形象的大小来替代，这会比直接说价格更易让部分客户接受。

所以，当我们了解了客户想要的色系和价格，推荐起来就会很容易了。首先掌握客户的需求，然后引导客户按照我们的思维走，最后在专业知识的帮助下为其选择一份适合的花礼，而不是盲目地拍照发过去，结果连客户的需求都不知道，最后流失客户。

我再多说两句关于花艺从业人员的自我学习的内容。

确定了色系，然后再来选择相对应的花材。现在每种色系的花材都很多，新手可能会对花材的熟悉程度不够，所以需要多逛花市和对花材进行学习和了解。新手可以给自己列一个花材列表，按照色系来区分，色系内又可以按照花材形态来区分。比如红色系里面的块状花材有哪些，散状花材、异形花材、线条花材、果实、叶材又有哪些（每种形态的花材在作品中的作用是不一样的，所以需要好好学习专业知识）；然后依次按照紫色系、橙色系等对花材形态进行区分。这对刚开始的新手，是很有帮助的一个方法。

再来看第二个场景。

客户要购买花瓶，同理，首先要知道客户要放什么形态、什么色系的花材，这样推荐的范围才更小。发照片时尽量缩小推荐范围，避免因为款式太多而导致客户迟迟做不了决定。

最应该避免的就是，最后客户询问客服建议时，客服又把问题抛回给了客户。我发现这是很多员工思维的客服很容易犯的毛病。我经常在淘宝上买东西，拿不定主意询问客服的建议时，很多客服会把问题又抛回给我，都是"亲，你看一下尺寸自己决定哦"之类的官方回复，因为不确定究竟行不行，最后我想算了吧，不买了。

但老板思维的客服就会接住问题，从自己专业的角度进行分析，尽快出主意，让其做出决定，来促成订单的完成。客服出现员工思维最大的原因就是担心如果自己的推荐出现问题需要承担责任。所以我更喜欢敢于做决定、敢于承担责任的员工，这样的员工往往成长得更快。

整个咨询过程，其实就是客服先用专业度和认真的态度让客户产生信任，接下来再说产品品质和售后。前期咨询工作做得到位，后续的工作就会更加顺利。

花店除了零售，还能做什么

近几年兴起的新型花店，使零售市场被瓜分。许多人身边都有一个开了花店的朋友，再加上一些专门做包月鲜花的线上品牌，从前几年对花一无所知，到现在每个城市都有几家做得不错的审美好的花店，大众对于花的理解已经远远超出了从前。有了选择，便有了对比。大家可以从线上平台购买，随后便会有人将花送到家门口。估计每个人朋友圈中都有好几位开花店的好友。买花跟买衣服一样了，谁家的款式更得我心，今天就从谁家购买。

其实，市场变得更加好了，对品质、审美以及服务的要求就更高了。如果想在零售市场如此复杂、激烈的竞争下单纯靠零售获得利润，真的很困难。

老花店已经有了相对稳定的客户群体，新花店除了自身挖掘的新的客户群，要想从老花店手里抢客户，新颖的营销方式，不低于老花店的作品审美、花材品质、价格优势、服务、售后，似乎要样样都跟得上才行。

零售确实是花店所有业务中最烦琐的一项。婚礼活动虽然辛苦，但只与一个客户进行沟通，挨过一夜的执行及撤场，基本也就结束了。商业活动更容易一些，花的统一性和标准化降低了制作难度。零售则需要每天面对很多不同的客户，每一束花的款式都不同，要为每一个客户派送、服务，以及做好售后，出错概率高出很多。

新手花店面临的最严峻的问题则是鲜有人问津，这才是最让人头疼的。

所以我更建议新手花店除了日常零售外，可以与一些活动公司、婚礼策划公司、酒店等达成合作，提供商业花艺与宴会花艺服务，也可以联系银行、企业做团队沙龙活动等。

真实的活动与高出镜率，是最好的宣传途径。

当然，以上任何一个方向既需要超强的执行力和全身心的投入，也需要拿着漂亮的成绩单说话。有机会就不要放过，客户要90分，就做到120分，稳定的老客户就是这么来的。

我的一个学生，学完后回到自己的城市开了工作室，订单量很少，练手的机会也就少了许多，我能感受到她在苦恼。很幸运，一个品牌为了展厅布置机缘巧合找到了她，要签下一年的合约，请她为这个品牌做一年的花艺执行。为什么说是花艺执行，因为这种大品牌的花艺设计都是总部直接确定好方案，各个城市拿着总部的方案各自寻找花艺师执行即可，要求很是严格，连对花朵的绽放度都有着明确规定。我的学生心惊胆战，跑来问我怎么办，说人家要她的日常作品来看她的审美是否符合要求，可是她的工作室刚开，几乎没有什么作品。

我告诉她直接拿着我的作品发给对方，但一定告知清楚："我们是一家新成立的工作室，作品图不是非常多，所以现在发给您的是我学习花艺时的老师的作品，这代表着我的审美喜好和大致风格。虽然我们经验不多，但也正因为经验不多，所以格外珍惜和重视您这一单，希望我们有机会参与这个活动。"

学生发了过去，忐忑不安，很久后回复我说："老师，对方没有再理我了。"我安慰她不要气馁，第二天再给对方发一句：如果您方便，可以先来我店里看一下环境。如果对方还不回复，就不用再追问了。大概过了两个月，学生突然发来信息说已经拿到了那个品牌一年的花艺执行的合同。她非常认真地制作，从花材标准级别的找寻，花头绽放的尺寸统一，每3天的一次维护，一点一点地努力和进步。她用这个品牌的执行活动的经验，在后来拿下了更多的活动，我在她的社交平台上，看到她发布的各类活动以及自己的花艺作品，她变得忙忙碌碌，风格日渐成熟。

偶然的机会像是一个杠杆，撬动了更多的可能性。

我们前几年的精力全部都放在零售中，婚礼活动接得很少。后来，偶然做了一场婚礼活动，图片发出去后收到了非常多关于婚礼的咨询，我们才开始将宴会花艺设计放到了运营范围中。

也是偶然的一次机会，我们在自己的场地中承接了一场求婚仪式，此后越来越多的求婚仪式、生日的花艺设计，以及场地租借都找上门来。

2019年，我们开始将一些精力投放到商业花艺市场，摸索学习了如何制作商业花艺方案、商业报价，了解了商业花艺的呈现特点，学会揣摩甲方客户的心理需求，也用一场又一场的商业活动得到了更多的商业客户。

2020年，受疫情影响，零售市场明显萎缩，商业市场的发展停滞几个月后，反而有了更猛烈的反弹，我们前一年在商业活动方面的努力，在这一年得到了积极的反馈。商业活动填补了因为零售萎缩而减少的收入部分，并且商业活动的传播率明显高于零售。这也让我们在2020年走得快了一些。

你的每一场活动、每一个作品，都一定吸引了一些人群，而客户就是这样慢慢积累起来的。

除了花艺本身外，我们在设计花艺的周边时也花了一些心思。大家喜欢花艺，那么和花艺有关的一些周边，如香薰蜡烛、手工皂、各种形式的香氛、干花陈列相框、干花浮游瓶、形式色彩各异的编织挂毯、手工刺绣、压花等，其实和花艺面向的是同一个客户群体，于是，我们慢慢将这些周边产品加入了进来。这些周边可以让整个品牌的业务变得更全面、更深入，加深客户对品牌的认知及信任。

小周边的手作课程也得到了很多客户的喜爱，而作品本身也可以拿来单独零售。花艺作品比较娇嫩，外地很难派送，而这些周边的开发很好地满足了外地顾客的需求；也可以让我们跳出市场上千篇一律的花艺课堂，用更多、更小众的手作课堂来获得更广阔的企业课堂市场空间。

每一个项目的开发都不是那么容易的，就好像成功从来也不是一件容易的事，都需要用心以及认真地学习研究和探索实践。千万不要为了卖而卖，忽略了作品的精细度，以致损失客户的信任。

每一个新方向都是一个新的机会，真正走进去才是改变现状的唯一可能。

记账，不是一件小事

我还没有开店的时候就特别迷恋记账。每个月的工资花在了哪里，我都分门别类地记得一清二楚，月底进行核算，还要和我的剩余资金完全对得上才行。

我虽然数学不好，但对钱和账具有天生的敏感度。大多数花店都是个体经营，不需要请专业的财务人员，都是自己记账。我跟几位要好的同行讨论财务问题时，发现大家的账都乱得一塌糊涂，我问对方怎么算每个月赚了多少钱，对方回答只要账上还有钱，就说明在赚钱啦。

我刚开始记账完全是因为性格和兴趣，既喜欢记账，也想让每天的收入和花销都清清楚楚，月底也知道自己赚了多少、花了多少、花去了哪里、还剩多少。后来发现，记账真的是一个好习惯。

开店这几年，每一天的账都在我的手机里。有很多专业记账的手机软件，大家可以选择一个来使用，软件内有着明晰的分类。花店记账其实不算很难，我自己的方法是把每天的进出账统一来记。以花店来举例，看今天的微信收入是多少，支付宝收入是多少，银行账户进账多少，现金收入是多少，把所有的进账金额合计在一起，然后减去其中当日代收快递的费用等，剩下的就是一天可计入的总流水了。然后是出账，出账需要记得更清晰一点，类别有花材（每天购买鲜花的成本，供货商是谁）、资材（每天购买包装纸、花盒、花篮、瓶子等的成本）、店务杂费（水费、电费、加班福利、饮用水、到付快递等的费用）、员工工资、房租等。

我们和供货商已经非常熟悉，拿货的频率又比较高，并且有时候可能是这位同事去拿货，有时候又是那位同事去，买一次付一次款比较麻烦，所以经常合作的供货商与我们都是月结。到了月底一次性发每日账单，账单上谁拿的货谁就负责签字以确认账单的真实性，当月结束后根据月账单统一结款，这样记账便更加清晰、简洁。

当所有支出与收入全部记录完毕后，软件上就会很清晰地显示当月收入多少钱、支出多少钱、剩余多少钱，这个剩余就是老板的收入了。一定要记住，记账的日期必须明确不能乱，这样才能与往年进行同期对比，看到经营状况的差异。

我可以在30秒内查到我开店这几年以来任何一天的收支情况，这些账有什么用呢？短时间内可能看不出什么，但日子久了，效果就凸显出来了。

每年中哪几个月是旺季，哪几个月是淡季，淡季时最低收入能有多少，我们要用什么方法来提升淡季的销量；改变方法后，今年的淡季与去年的淡季比有了什么样的改变。从账目分析对策，再从账目看到结果。

我们经营的项目种类多，花店零售、花艺培训、商业花艺、手作系列、服装等，每一个类别都要单独记账。成本是支出，包含很多项，比如花店零售的花材、资材、房租、工资以及店内日常开销等，并且通过一年的账目，我们可以分析出每个月的基本成本。如果某一个月的成本增加了，那么是因为本身的工作内容增加导致，还是人为因素导致的？如果营业额没有增长，仅仅是成本增加，那相当于利润减少，就可以通过账目发现问题并解决。

通过每一个项目的每一份账目，我们可以看出这个项目在过去的经营中投入了多少钱、产出了多少钱、盈利或者亏损了多少钱，可以根据账目来推算出这个项目相关的业务的未来增长量、平台期或者动荡期，以此做出一些决策。

我对业务的一些判断，都是由账目得出的。账目同比发生变化，变好还是变坏？如果是变好，我们自身做出了什么，下一年如何参考；如果是变坏，分析原因，尝试解决，从解决结果来看决策的过程是否正确。

在一家公司中，财务部门是非常重要的核心部门。我们虽然不懂专业知识，但也要意识到账目是非常重要的东西，太多的决策都需要依靠财务报表来做。我会根据我的账目来决定在哪一方面加大投入，在哪一方面减小投入。很多事情究竟应该怎么办，时间和账目都会告诉你。

专业的财务人员本身有着专业的敏感度，财务高手有着把控全局的能力，而我们拥有的大概就是创业者的热情与身为老板对于行业前景的敏感度。

账目就是我们诊断项目的一张体检表。我们只有看到体检表，才能发现究竟有没有问题，以及得出解决问题的办法。

因此，即使只是一家小店，也请认真地做好"财务总监"的工作吧。

那么多花店，为什么买你的花

审美与竞争力

　　我总能遇到这样的提问：有客人要那些我觉得很难看的花礼，到底卖不卖？卖吧，觉得有点不"高级"，与自我定位不符合；不卖吧，到手的钱不赚，有点难受。

　　开花店之初，我也遇到过这样的客人，我选择了接那个单子。

　　那时候，我自己的花艺能力还没有提升，审美虽然还行，但并不太确定如果拒绝了客人的需求，我是否有能力推荐并制作出一款更好看且完整的产品给对方，所以我选择迎合客人的需求来完成订单。在新店刚开业的情况下，有订单就是非常值得感恩的事，所以当时我给自己的定位是让花店活下去。我的行为与我的想法是自洽的，所以我并不纠结这件事。

　　如果现在还有客人来问我要那些与我认为美的东西有落差的产品，我会先讲解一下那些款式的花的弊端，比如现在的女孩可能已经不再喜欢那些款式的花了，再推荐一些我认为更有吸引力的款式供对方选择。其实很多客人会选择听取建议。

　　如果对方坚持自己的需求，那么我会直接推荐客人去其他花店购买，我们暂时没有这款花材或者不做这样的款式。这个时候，我对自己花店的定位变成了卖我们认为美的东西。花店已经渡过了最初的生存难关，我也有了更好的作品与更好的审美，我对花店的定位产生了变化，从活下去变成了稳固自己的标签与风格，筛选更加适合自己的客户群体。

比如，现在很少有花店出售带着金粉的玫瑰了，所以也几乎没有客户要购买这种花材了。

这也从侧面反映了从业者的审美影响着客户群体的需求。当客户不懂花的时候，商家营造某种花材很受欢迎的氛围，那么在花艺方面缺乏判断能力的客户便很容易受商家推荐的影响。

换个角度，如果在我最初认为自己还不足以给客人推荐更美的作品的时候，有另外一家花店对花的理解和对美的理解高于我，并且有着很棒的沟通能力，那么有90%的可能这单生意就不属于我了。一家花店的风格越统一、越明显，它在客户心中的辨识度就越高。

举个例子，你想要给刚出生的宝宝拍照片，有两家摄影机构可供选择。其中一家的业务范围不固定，一会儿拍婚礼，一会儿拍证件照，一会儿拍宝宝，一会儿拍写真。另一家则专注拍新生儿。那么大部分客户一定会首先选择风格更固定、拍摄对象更专一的这家摄影机构，其会使客户更加信任。

这种信任感放到花店来说，其实就是对花店审美稳定性的信任。

事实可见，我们身边购买传统花礼的人越来越少。当大家满足了基本物质需求的时候，精神层面的需求就不可避免地发展起来了。我们吃饭、睡觉、上学、上班，每天进行同样的事情，按部就班地过日子，与我们看了一场云、欣赏了一场话剧、去了一个远方、看了一部很棒的电影、读了一本感同身受的书、买了一束美丽的花相比，后者得到的快乐一定更多。

美无用，却也最有用。当我们的物质需求得到保障时，精神层面便由美来抚慰。

那么审美与竞争力的关系呢？

回想一下学生时期，容易发现班上最有号召力与凝聚力的，除了那些学习好的孩子，通常是那个长得最漂亮的女孩或者长得最好看的男孩。说通俗些，这跟现在长得好看的明星带货能力强的道理相同，即使并不能算是高级的审美，但能够让我们看到大家总是会下意识地追求美的东西。人们会认为自己和他们用一样的东西，穿一样的衣服，跟他们成为朋友，是不是就可以变得跟他们一样好看？

美是具有领导力的，喜欢美，追求美从来都是人的本性。

审美也不是一朝一夕练就的，它几乎是由人的经历来决定的。读过的书，看过的电影，去过的地方，听过的音乐，看过的舞蹈和展览，接触的自然，用心听到的每一个声音，天边的一场晚霞，清晨的一抹云……在心中留下美的印记的东西越多，积淀得便越多。

我小时候最爱的美术课、音乐课，常常被数学课、语文课替代，所热爱的一切似乎总是不被重视。很多人应该与小时候的我面临同样的问题，事实上我们那一代的父母几乎全员忽略了精神需求这件事，甚至"审美"这个词都是近年才开始被频繁地提起。

美不是只有艺术作品才拥有，它就存在于生活的点滴中。美又是很个性的事情，没有什么标准答案。

当审美成为整个人的组成部分时，那么它就不仅仅呈现在作品上，观点、态度、处事方式、思维逻辑、细节、文明程度等，都将体现审美。

别停留在想象阶段，执行才是最佳捷径

总有学生问：老师，我们究竟应该怎么引流、怎么吸引客户呢？我通常会先问：你已经用了什么方法呢？或者，你认为什么方法可以使用？执行了哪些方法？执行效果如何？很多人在第一个问题便卡壳了，支支吾吾地回答自己还没有执行过。

一个全身心投入的人，几乎没有时间问问题，因为时间全部用来实践了。

我发现，即使是很笨的宣传方法也能吸引来客户，只是数量有差别，而这个差别

就在于是否做好了执行。笨办法都能吸引来客户，那若是一个聪明又做好了执行的方法呢？客户是慢慢积累起来的，没有哪个方法是突然间爆红的，爆红的前提也需要有着足够的实力来支撑，否则也只是昙花一现。无论我们用什么方法引来了巨大的关注量，转换率和返客率都是要靠高品质的产品和服务来稳固的。

我们经常说全情投入，但是反观一下身边，全情投入的究竟有多少人？有多少人整天疑惑着自己为什么没有订单，为什么没有客户，到底怎样才能赚钱，然后仅仅停留在这个层面，从未挖掘深层次的问题，更别说解决问题。

我很喜欢追根溯源，之前有人问：向羽，你认为自己最大的优势是什么？我说，是解决问题。很多问题其实不是问题本身，这句话我反复说过多次。

你觉得店里没有客户，其实是从没有认真思索过究竟要如何寻找客户。比如，从根源追溯花店的定位是什么，目标客户群体是谁，这些客户群体会集中在哪些地方或团体中，做一个什么样的活动会吸引他们的关注，哪些团体可以作为合作方来一起举行活动，活动的模式、场地、预算、推广方式、预计参与人数等。

这只是一个简单的逻辑思维。

仅仅这一个方向，就已经衍生出了很多问题，每一个问题背后都有大量的工作等待着你去做。真的要将时间都浪费在"我为什么没有客户"这个层面吗？

当然，一个大的目标是非常难以落实的，比如我要做一家最好的花店。

这个范围太大了，首先，什么是最好？主观还是客观？如果是客观，那么所谓的最好要展现在哪些方面？位置、装修、产品、品质、服务、体验、审美、售后、文案、摄影等，每一项后面又分别有着无数的细小分支。如果以这些客观因素作为条件，那么一家最好的花店背后实在有太多的关卡需要一一攻破了。如果不懂得拆分目标，一个远而大的目标不会带来动力，它只会把人压垮。

所以，将一个大目标细分成小目标，给小目标写好计划，设定好日期，年度计划、季度计划、月计划、周计划、日计划，按时间逻辑正推、反推都可以。每天的任务就是认真地执行好今天的计划。

我们有一段时间客户投诉很多，于是召集了全体员工开会，所有人都要针对客户投诉提出解决办法，然后将所有办法分析可行性，最终整理出来了一套新的客服流程，并开展了一个30天零客诉的活动，全店所有人都为了零客诉而努力。后来，不仅仅是那一个月，一直到现在，我们的客诉率都非常低。前提是我们为此做出了大量努力，而不是仅仅停留在希望没有客诉的层面。

一个人对一件事的执行力度，由结果对他的吸引力决定。当你对结果有着巨大的渴望时，内心的想法是藏不住的。

我想要拥有一个院子这件事，差不多想了十年。前些年，觉得自己没有钱、没有能力来完成；后来觉得自己忙，没有时间来完成；再后来，觉得院子哪有那么好找，而且不知道该去哪里找。最后，广西的花友阿桑发了一些她的院子的图片，美轮美奂，刺激到了我，心里难过得不行。我想了十年的事，别人做到了，而我的院子还不知所终。

第二天我便开车上山去找合适的院子，当天便看中了一座，房东不愿意出租，我便一直和他商量。一个月后，合同签了下来。在谈合同的那一个月，我内心起起伏伏，但每一天都无比期待，觉得今天一定可以谈下来。真正签完合同的那天，我从院子里走出来，旁边的山谷与蓝天，好看得无以复加。

一旦问题进入了执行层面，内心就会变得无比踏实，因为对未来开始有了期待，而不是停留在无谓的想象阶段了。

创业的过程中会遇到各种各样的问题，别一遇问题就躲起来。跌进坑就爬上来，遇见河就淌过去，不能总在坑里、河边待着不动。勇于解决问题，到最后便是擅于解决问题了。

是要努力迎合，还是坚持自我

"迎合"这个词，确实不入耳，与它对应的"坚持自我"，明显好听了许多。很多人都向往着后者，却无可奈何地做着前者。我们来分析一下，花店迎合，究竟迎合的是什么。如果你是一家花店的经营者，那么从商业角度来说，一定是希望客户面更宽、利润更大、收入更多，迎合的就是那些愿意付费给我们的客户。花店与客户是合作关系，客户付钱给花店，要求花店按照自己的需求来制作花礼，这是非常平等的交换。

难受的是什么呢？

是客户的审美与经营者审美的偏差。大部分遇到这个问题的经营者，都是因为对方要求制作的东西与自己的审美完全不符。你讲了许久，可对方不为所动，依然坚持自己的观点。所以，矛盾点其实不在于是否坚持自己，而是如何吸引与自己审美水准相同的客户。

人是群居性动物，你是什么样的人，身边就围绕着什么样的人。所以，根据这个原理，以上的情况虽然都会遇到，但其实次数并不多，因为很快双方就会发现，对方能给的不是我所需要的，也就分道扬镳了。

但更重要的，是审美的领导性。

面对一个陌生领域，客户的审美没有完全开发出来。经营者作为专业人员，本身已经占有一部分审美领导优势了，客户对花艺不了解，但又觉得你的东西蛮好看，那你基

本可以带领着客户往你希望的购买方向走了。换言之，在花艺这个领域，当还没有遇见其他更好的经营者的时候，大部分客户的花艺审美层次是由你来决定的。所以一定要注意，经营者是比客户更专业的，我们可以在客户要求的基础上加入自己的专业知识，对客户的需求进行润色，将其细化得更好、更完美。

所以，提升审美，得到认可，便能赢得话语权。

我们再来说自我。

什么是自我？完全不在意他人的看法吗？人是有社会属性的，不可能完全脱离社会关系，我们当然希望自己不去在意外界的目光，可是真的可以做到吗？

蔡康永说：我们虽然鼓励大家做自己，但是人无法独立于别人的眼光而活，我们追求的不是完全地做自己，追求的其实是恰当地感受别人对你的意见，我们如果要鼓励别人接纳自我，那这个接纳的前提，恐怕难免有一部分是来自别人对他的认可，我不可能天真地告诉一个人说，你可以独立地活在这个世界上，忽略所有人对你的目光，你一个人接纳你自己就好了，如果我做这个鼓励，对方可能会不知道如何自处。

那些坚持自己风格的人，大多遇到了与他有相同喜好的、对他表达了认可的其他人，才能够坚持下去。从作品角度来说，你的作品与市场上泛滥的作品有区别，并且审美在线，那一定是会逐渐得到认可的。在这个过程中，你需要等到那些欣赏你的人来。从内心来说，我更希望自己是一个坚持自我的人，但也希望我坚持的东西最终能够获得一部分人的认可，我没有办法在独自一人的世界里得到满足。

所以，不是选择了一项就必须摒弃另一项，人生不是非黑即白。

我们希望每一个坚持自我的人都获得成功，也希望自己在选择迎合之后顺势而上，改变世界。

文案与摄影的重要性

我从刚开始能为每一束花写出一大段文案，到现在文案灵感完全枯竭，只能简单地描述作品的名称以及色系。

相应地，社交平台的互动率直线下降。

刚开店的第一年，我的微信好友才几百人，每一张图都能有几十条评论；而现在，我们每一个客服微信号上都大约有5000人，然而我们发出去的图片也只能获得寥寥几个点赞。

我分析了一下，刚开店时订单量少，全部精力都在那几个订单上，从接单、订货、制作到派送可能都是我一个人，我完整地接收以及传递了客户想要表达的意思。当你对一件事付出了更多的想法和精力的时候，你的表达欲望也会更强烈。给出的信息越多，引起的共鸣也就越多，互动量自然也就越多。那么当订单逐渐增多，忙碌降低了感知能力时，相应地，表达欲望也就降低了。

再后来，我有了专职客服，作品由花艺师来设计制作，派送由快递小哥完成，每个环节分散开来，一个订单从开始到完成传到我手里的可能只有最后一张图片。谁送给谁的，有什么故事，制作的时候为什么选择这个花材，什么用意，派送的时候收花人什么表情，说了什么，我一概不知，只能根据图片去描述色系、形态、花材。

当你从一个感性的真实的人，变成了一个制式的"工作机器"，自然不要期待得到大家真心的互动了，毕竟没有人愿意对一个"工作机器"付出感情与交流思想。

我写了六年文案，日复一日、年复一年，灵感枯竭也算情有可原。

但有关整个创业过程、管理能力、解决问题的方式的理解，倒是随着时间的流逝日渐丰富起来。我会隔一段时间写一篇长文来具体表达某一个观点，比如"花店不是你想象的那样""关于员工离职""并不是所有人都适合创业"等，这些文字会获得非常多的回应与反馈。同时我的个人照片、旅途的故事、孩子的生活、朋友的聚会、团队的活动等，这些日常作品之外的生活细节，都更容易引起客人的关注和评论。

很明显，客人对于频繁重复的东西失去了兴趣，但对于新的观点、新的旅行、新的状态都保持了关注与互动。

还有一点，即使我们发布的是有趣的商品，但只要是商品，那么得到的回应就会变少，这是人的通病，即使是我也一样。同一个人发布的商品我可能会看、会研究，但几乎不点赞评论，因为担心表明了我想购买的意愿，并且最后不购买会尴尬。但如果只是

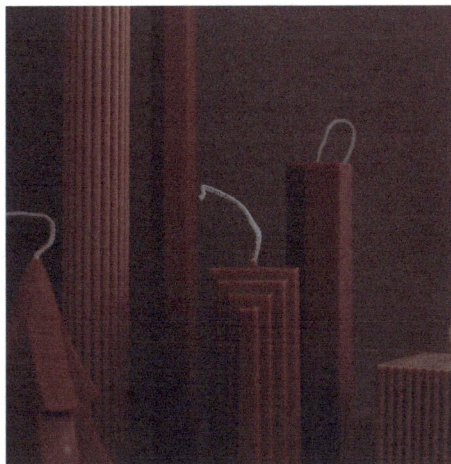

生活帖，那么点赞、评论便很轻松愉快了。所以，我们要做的是让文案变成表达真实的你的途径。即使文案变简单，这也是真实的你，只是灵感短暂性枯竭了。我即使一个字都写不出，也不愿意去长期复制那些不是自己写出来的心灵鸡汤。我们依然可以在有表达力的方面去展现自己，这些都是真实的虽然我们开着花店、咖啡店、书店，但最终我们想要表达的是自己，大多人独立创业的初衷都是要表达真实的自己。即使不认识、不熟悉，但从社交平台的文字中，好似已经认识了你很久，了解你的为人、性格、做事方式，最终辐射到你的商品。

所以，请用文案表达一个真实的、活生生的自己，让大家知道跟他们交流的是一个真正存在的具象的人，不是机器。如果说文案是一个慢慢抓住人心的过程，那么，图片就是眼球经济了。

没有那么多的机会去面对面交流时，最直接的方式就是图片。我们的每一束花的图片，都是用相机拍摄并导出发送给订花人来确认，虽然麻烦，但保持了图片一贯水准。我们也为了学习拍摄花费了时间、心思与金钱。

大家送花的最主要原因，就是追求美。那么，表达美就是经营者要做的事。一张图片中，色系搭配、清晰度、色调舒适度这些最基本的因素是必须要考虑到的，想要做得更好，那么可以考虑光线、构图、布景等。

简单说，图片代表了这间店的审美，而审美是花店的第一竞争力。它决定了吸引的是什么样的客户群体，甚至还决定了商品的售卖价值。经营者不仅要保证图片好看，还需要保持图片一贯的风格。当一个美的事物变成了你的日常，这才是审美稳定，也更容易让你获得客户的信任。

所以，不论发布任何内容，哪怕是与花毫不相关的内容，只要是发布在有客户的平台中，就必须注意美。

让美变成习惯，变得稀松平常。

小细节的打动人心之处

我想来说说我们的客服流程。这套流程是根据这几年的零售经验总结出来的，用专业术语来说其实就是客户体验。

什么是客户体验？简单地来说，你去一家餐厅吃饭，将寻找地址，门口好不好停车，餐厅的门头美观度，进门后引导员的微笑和语言，整体装修、味道、音乐，座位的舒适程度，餐具的美观度，灯光的舒适度，菜品的卖相和口感，服务态度与反应速度，结账的方式，送客的状态等一切，综合起来，你认为哪里是舒服的，哪里是不爽的，这整个感受就是客户体验。

而客户体验最终决定了客户能跟你交易多久。某一个环节不舒服，会在客户心中留下一个既定印象，尽管不舒服的感觉没有强烈到让客户以后坚决不来了，但是既定印象是有记忆的，多次之后，记忆会潜意识地做出决定，告知客户没有再来的必要了。

还有一种可能性就是整体感受中规中矩，所有的一切都正常，都是平均值，没有不好，也没有特别好，所以没有什么印象。下一次还需要消费的时候，没印象就很容易导致遗忘。所以除了产品本身要好看，所有的细节也要到位，不但要让客户留下印象，还一定要是好印象，那么得到回头客的概率就更大。

首先，客服需要秒回信息，我们有两个专职客服，专门对接零售咨询。首先会告诉客户：您好，我是客服××。

当客户知道你的名字之后，会莫名地拉近距离，因为这让他知道对面是一个实实在在的人，不会产生机械感和陌生感。很多客户再来订花时会直接喊客服的名字，这种感觉很亲切，客服也会有被认可感。我经常给客服说的一句话是，专业客服不是来回答问题的，专业客服不仅要留住这一单，并且要留住这个客户以后的每一单。如果仅仅只是回答问题、回复价格、回复尺寸，这个工作随便雇一个人都可以完成。专业客服应该洞悉客户的真正意思，并且可以推荐客户真正需要的产品以及确定合适的价格区间。

比如有的客户会说，我想要一个精致一些的，其背后的实际意义可能是我想要一个价位不那么高的。客户说，我没有预算，你随便推荐。但很多时候，客服推荐过去的东西超出了客户的价格接受范围。

这些是客户的问题吗？

在面对一个销售人员的询问的时候，大部分人都不会说得那么明确，都模棱两可，这是客户故意的吗？并不是，很多人自己也不清楚究竟哪个东西最适合自己，这个时候，模棱两可的需求就可以让销售人员进行更多的介绍，再来对比选择最适合自己的产品。

从客服的角度来说，需要有非常好的耐心和态度，还需要用聪明的办法引导客户逐渐说出真实的需求，最忌讳的是完全被客户带着走。客户说，你随便发图，你就随便发图，完全不了解究竟是在什么场合使用；客户说，这个花不好看，你再拍几种其他花材，你就赶紧把店里的花材拍了一遍挨个发过去……

类似这种完全无头绪的被牵着走的花店工作人员不在少数。

这里有一个需要明确的问题就是，我们是比客户更专业的人，应该围绕客户需求给出专业意见。只有知道问题才能解决问题，否则都是无头苍蝇。

我有一个简单的解决办法，就是把客户想象成朋友，你的朋友来买花，你在了解其需求之后会从各种角度为他分析买什么最适合。转变身份，不是说我要服务好你并让你赶紧下单，而是站在客户的角度分析需求，给出最适合的建议。

人与人之间有气场感应，你真诚，对方是可以感受到你的真诚的。

同时我们还会提醒客户每个季节的花材都有不同，每一个花礼也都是花艺师手工制作的，我们会采用当季的现有花材来制作符合客户选中的色系和整体感觉的作品，但不会保证完全与图片一样，做好之后会发图片给客人。这一点也很重要，很多客户不懂花，所以小细节要提前沟通清楚，免得客户失望，也避免产生误会。

所有细节确认结束后，会让客户填写派送信息的小列表，包含派送时间、派送地址、收花人姓名、收花人电话、订花人电话（防止联系不到收花人），以及贺卡内容等。所有信息一目了然，客户填写方便，我们不会漏掉信息，查找起来也容易。

客户付款之后，客服需要给花艺师下单，这也很重要。有的客户会单独叮嘱不要白色系花材，一定要用某款包装纸，一定不要出现任何菊科类花材，等等。

那么客服就需要在给花艺师下单的时候说清楚需求，否则，如果送出不合要求的花礼，客户会生气；送出前才发现，花艺师需要重复工作。由于同事的粗心，导致其他人重复工作，大家嘴上可能不说，心里还是会觉得不爽。

花艺师在选择花材时，一定要仔细挑选，有折痕的、花头发软的、有任何不新鲜迹象的一律不采用；制作好后，接单的客服需要再检查一遍花材，如果发现有问题，由花艺师立刻解决。如果没有及时发现，送出后客户拍照给差评，说花有问题，那么负责这束花的花艺师和客服需要一起承担赔偿责任。

我们售后的立场是，只要不是客户的问题，就都是我们的问题。

每一份花礼我们都会配备一个手提袋、一个小信封，信封里面会装贺卡、养护说明卡、一包养护剂。用小夹子将信封夹在手提袋的内侧，即使掉落也是掉在袋子里面而不会遗失。所有的这些物料上面都会印制我们的logo，都是统一色系，这会让客户在视觉感受上加深对品牌的认知及好感。

花礼派送前，客服会用相机拍照，发图给客户，然后将主花、辅花、叶材的名称一一报给客户，进口花材则加上产地，让客户知道自己花钱买的这束花是什么样子、用了什么花材。有客户表示，虽然说的这些花他都不懂、不认识，但是他知道这份钱没有白花，我们是用心做的。

派送出后会再发信息给客户，告知花礼已送出，收货时如有任何问题请及时与我们联系，我们会立即做好售后；并提醒客户鲜花的花期在几天左右（根据派送花礼形式来确定花期天数），花期跟房间的温度、湿度也有关系（提醒客户不要放在过分热或过分冷的地方），我们随花附有养护说明卡及养护剂（提醒客户记得查看，很多人是完全不看的），一定记得每天换水或浇水，悉心照料（提醒客户想要花期更长就需要认真对待）。派送结束后，会再次告知客户花礼已于几点几分送达。

还有一个小细节是，整个沟通的最后一句话一定由我们来说，不论是话语还是表情，不要让客户当结束对话的人。

整个过程虽然略显烦琐，但是我们的差评率非常低，日常订单中几乎没有差评。我的想法是，即使客户不认可我们的产品，也一定要认可我们的态度，我们宁可损失金钱，也不愿意损失客户的信任。

这世上没有一蹴而就的事，那些成功的人做成的每一件大事，一定是由无数的小事和细节慢慢积累起来的。

焦头烂额的节日，如何顺利度过

如何根据节日设计不同的花礼

一到节日，我们就会看到类似的图片满天飞，不管是哪家花店的图片，只要好看，拿来先用，有人下单了再考虑能不能做出来。很多同学与我见面后不好意思地说：我做出来的和原版对比就是典型的买家秀和卖家秀。

虽然花店图片共用好像已经变成不用明说的"规则"了，但每逢节日那些做得好的店铺还是在兢兢业业地努力思考、设计、打样、筛选、拍摄等，好像也就理解了为什么花店这么多的情况下，只有他们被更多人看见了。

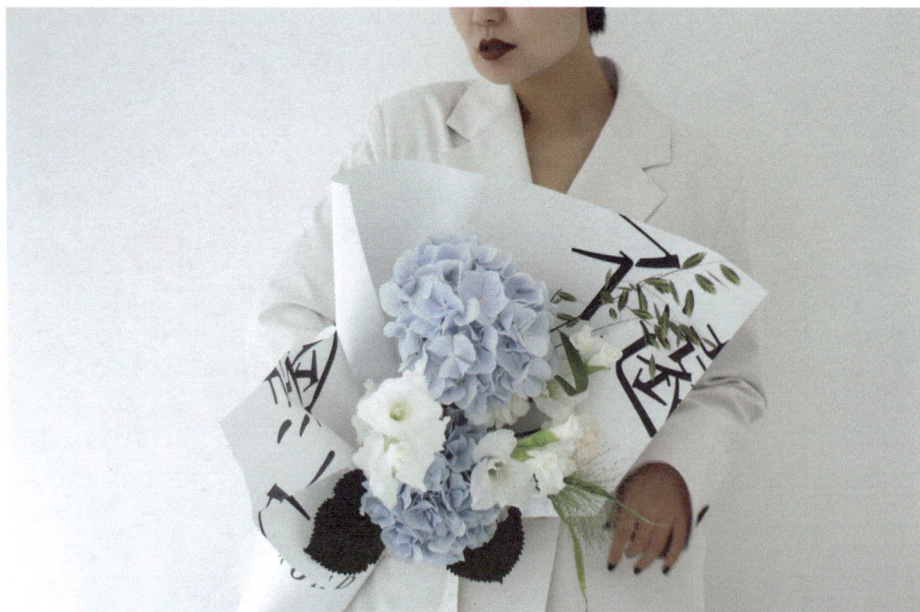

在学习如何打样之前，首先要明白为什么要打样。

1. 节日客户量突增，打样可以帮助花店整理清楚订单总量和进货量。客户在打样款中做选择，清晰明了，店家不用手忙脚乱，导致不知道该如何订货、如何预售。

2. 自己打样，避免买家秀与卖家秀的尴尬。很多学生都会问我如何做推广，我说，我们最大的客户来源渠道是朋友介绍。每一种推广方式或多或少都会吸引客户，但是如何留住客户是更值得思考的问题，认真对待每一份选择和信任，每一个客户都会是传播渠道。

3. 品牌自我更新与成长的必要路径。每一次打样前的思考与灵感提取，都是产品设计的前提，也是逻辑的整理。思维就是越用越灵活的，长久使用"拿来主义"的弊端大家都清楚，而每一次新的思考与执行呈现都是一次自我更新。这样，当客户有更多需求的时候，我们才有更好的能力来匹配。

4. 自我检索机制的形成。自己产出的产品投入市场后被认可，你会很欣喜，而遇见问题、解决问题的过程便是反馈。知识与经验都会在一次次的反馈中积累，量变引起质变；设计也同样，哪怕最普通的红玫瑰花束，也别放过打样这样的小机会。

往前走很难、很辛苦，但进一步有进一步的欢喜。并不一定要追求与众人不同，但你要有自己的成长步伐，并且保持前行。

再来说零售产品的设计思路。

节日花礼跟日常创作不太一样，节日花礼明显要投入市场，所以大部分的设计还是会根据市场的接受度来衡量；但容易过时与过于"网红"的款式，品牌因为担心没有区分度，会刻意避开。（个人对自我品牌呈现的需求不同，大家根据自己的需求来衡量即可。）

所以，我们设计节日花礼的思路有以下几种。

1.购买客户群体是谁。每个节日的指向性不同，购买客户群体就会发生变化。比如，情人节、七夕节、"520"这3个节日的客户群体基本相同，均以男性为主，我们在设计款式的时候，就会考虑大众男性客户的喜好是什么、小众男性客户的喜好是什么。妇女节、母亲节虽然是明显的女性节日，但是女性购买群体也不在少数。女性审美和男性审美有着明显差异，男性更喜欢直观的、大气的、冲击感强烈的作品，女性明显更偏向浪漫的、丰富的、有跳跃感的作品，另外妇女节的团体订单也需要注意。教师节的购买群体则多为幼儿园及小学家长，大量家长的购买份数为3份，甚至更多。因此单价不能过分高，并且小巧精致、方便孩子拎提是必要需求。春节期间，家庭客户需求量便提升了，不论红色在日常生活中对个人而言意味着什么，在这个时刻，更多人希望家里出现热烈的红色来表达节日的喜庆。

确定购买人群、性别，以及年龄层后，更为适合的色系和形式也会在脑海中浮现。所以，一个思考往往会带来好几个思路。

以上当然不代表全部人群的想法，但符合大部分人群的基本需求，所以，面向的人群是我们会考虑的一个方向。（其他节日，大家可以自行分析。）

2. 消费力的区分。大家可以根据日常客户群体的消费力来判断自己的客户群体大致的消费力阶段，所以每次设计花礼一定会有走量款。走量款一般是性价比最高的款式，量可以定得多一点，因为大众消费力的消费面一定是最广的。

走量款的制作不会过于复杂，花材品种也不会过于繁多，方便制作和派送。同时也要为高消费的客户群体设计款式，使样式独特、花材独特、色系独特，以满足更高需求的客户群体。

3. 自我品牌风格表达。这类的款式量不会多，用一两款表达态度即可。即使是节日，也不能完全放弃风格。风格越固定，客户群体也会越稳定。客户也在众多花店中不断寻找与自己更对味的品牌，与其不停迎合客户来被选择，不如稳定和升级自己喜欢的风格，喜欢相同风格的人自然就会随光而来。（做自己是一件会发光的事。）

4.整个设计的逻辑贯穿性及寓意赋予。比如，广州花艺品牌YSFLOWER 2020年七夕节的设计思路是，因为疫情的影响，大家无法出门旅行，所以主题为恋爱中植物旅行，目的地分别为杭州西湖、京都、加利福尼亚、伦敦和普罗旺斯。以目的地的特点进行花艺色系搭配和设计，思路清晰。经过寓意赋予，普通的花儿也变得不再普通。

七夕节是一个我国的传统节日，所以我们2020年七夕节的设计思路便是在产品中加入东方美的元素，所有的文案都是诗词，花儿的色系也从诗词元素中提炼。

比如"金风玉露，碧霄之上，鹊桥尤可见"，我们就做了一款橙色系的圆形花盒，加入了绿色的纸艺元素，里面还放了一枚喜鹊的胸针。古时七夕，女子都有祭拜月亮的习俗，所以我们写了诗句"遗卿花与月，以叙相思情"。用深蓝色的绣球来象征夜空，黄色的蝴蝶奥斯汀玫瑰象征月亮，表达想要将天上最皎洁的月亮赠予心上人。

花除了美本无意义，但若你赋予它意义，它便被点亮了。

以上是我们的几个节日花礼设计思路，希望可以对你有小小的帮助。

派送不好，花做得再好有什么用

说到底，花店提供的是服务。

只要你想做零售的生意，那么再艺术、审美再好、做的作品再绚烂好看，如果服务跟不上，客户就不会买账。很多人觉得不远是一家很酷的花店，但这不代表我们就不重视服务。我所在行业的消费者期待得到什么样的服务，那么我的团队应该可以按照我希望的那样，给客户舒适、便捷、有安全感的体验。

对，安全感。

让客户在与我们沟通的过程中，知道我们的审美与他的想象是符合的，甚至是高出预期的，这就是信任的安全感。当我们制作完毕，会拍照发图确认，告知客户这是他预订的花礼的实物图、里面使用了什么花材，这就是购买过程的安全感。当我们开始派送时告知客户已送出，派送结束后告知客户已送达，这就是守时的安全感。提醒客户收到的花如有任何问题，请立即联络我们，我们会进行良好售后，这就是不会推卸责任的安全感。所有安全感的积累，为我们带来了大量老客户。派送在这个过程中便是一个非常重要的环节。

不远早期的派送都是我自己完成的，那时候还没有同城快递，花儿又娇嫩，订单量也不是很大，所以都是自己去。这样既可以确保花儿完好，也可以给客户一种被服务的感觉。

再后来，订单越来越多，同城快递也逐渐兴起，我们开始尝试由同城快递来进行派送，派送前会反复嘱咐快递人员要注意打电话的语气、态度、话术，花的包装纸如果有褶皱请一定整理后再给客人等。一段日子下来，反馈还不错，于是便彻底交由快递来配送了。

同城快递这几年也发生了很大变化，刚开始都是个人模式，骑一辆摩托，后面带一个小箱子便可以接单了。后来逐渐分出高下，有的接单迅速、回复及时、时效高，渐渐地生意越来越忙，便再招两个小哥一起接单，但服务也就随之下降了；要不然就是经营方法出现问题，员工都跑出来接私活，慢慢地口碑也就不行了。

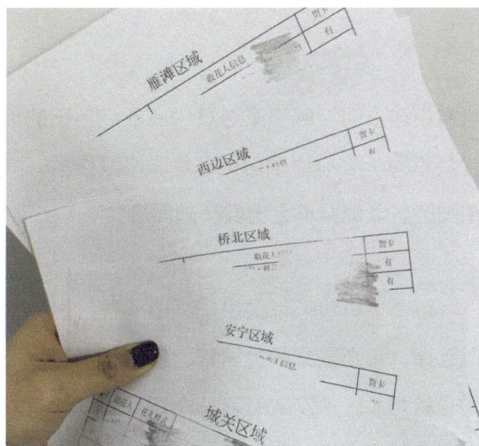

行业会根据大环境改变，后来就出现了一些比较专业的派送App，大家可以直接在手机上下单，便会有人立刻接单，收件方的地址和电话都在App中直接显示，不用我们再手抄地址，也不会发生丢失纸条等问题。订单完成后，下单的人会收到一条短信，被告知已派送完毕，我们便可以通知订花人，收花人已签收。

以前有一次情人节我们与个人合作，快递小哥想要多赚钱，在接了我们家大量订单后，又接了另外一家花店的订单，结果出现纰漏，导致两家的货都没有派送完。

那一次失误导致我进行了大量赔偿，不过庆幸得到了所有被延误客户的原谅。从那以后，日常订单我们都会分给专业的、团队协作很稳定的快递公司，重大节日的派送则全部都由自己完成。

我们以兰州市来举例，兰州市有4个区，其中一个主城区面积大，又分出几个大区块。我们会根据区域订单量以及区块的连接性，分配给每个区域一辆车，每辆车配备一个司机、一个联络派送员。

这些车都是我自己的车、员工的车、朋友的车、亲人的车，实在凑不够车也会直接叫滴滴。总之在节日这一天，兰州市分出了几个区域，便必须有几辆车，大家也都自发地帮忙当司机。每辆车都会安排专门的联络派送员，负责提前打电话联系客户，到达后给客户送上门。联络派送员中有我们自己的员工，人手不够的时候会招聘兼职人员，配置是每辆车上不论是司机还是联络派送员，其中一个人必须非常熟悉我们所销售的款式和类型，以确保不会出现基础问题。

每个节日我们都会患了强迫症般，出9个款式，大家要购买只能从我们限定的9款中做选择，每个款式限量发售，序号分别为1、2、3、…、9。那么第一款的第一个购买者编号就是1.1，第7款的第13个购买者编号就是7.13。这样，销售出去的每一款花礼便都有了自己的编号，很容易寻找及辨识。

预售结束后，我们会按照区域来统计地址，将属于同一区域的订单集中在一张派送单上，内容涵盖订单的编号、订花人姓名及电话（在联系不到收花人时可以及时联系到订花人）、预订的花礼款式名称、收花人姓名及电话、收花地址，以及特殊情况的备注。

所有的贺卡以及养护卡、养护剂也都会提前准备好并装在信封里，因为每张贺卡的内容是不一样的，所以也会在信封背面的右下角备注订单编号，方便与花礼对应寻找。

将所有准备的信封根据区域重新划分，将同区域的信封装在同一个篮子中。花礼制作出来后，不用给每一份花礼编号，只需要将同款式的花礼集中放置在一起。开始派送时，每个区域的联络派送员会来领取自己区域装有信封的篮子，然后根据派送单中的编号数出每个款式有几个，直接将相应款式的花礼搬上车，拿着派送单与篮子，便可以开始派送了。客服会根据派送单上的地址计算出最顺畅的路线，以避免司机和联络派送员跑冤枉路，耽误送花时间。联络派送员根据派送单上的提示，每到达一个地址便找出相应花礼，再从篮子中根据序号找出相应的信封，一并送给收花人。

同时，联络派送员会在派送微信群中回复哪个序号的花礼已送达，店内客服便会根据序号找到订花人，告知订花人这款花礼已顺利送达。这些办法虽然听起来有点麻烦，但是自从开始使用自己人派送后，我可以随时查询任何一个订单的状态，如多久可送达。客户每一个关于派送的询问，我都会及时落实后回复，安全感"爆棚"。

整个派送结束，我会给来帮忙的朋友包个红包以示感谢，再加上兼职人员的工资，其实比找快递公司成本更高，但是安全性、准时性、及时性、反馈率等，都比快递公司的派送好，客户的满意度也直线上升。我几乎再也没有收到过因为派送而出现的差评了。

每一次经历都会造就一段成长，或者一场工作的变革。

情人节晚上 11 点才收到花的 20 位客人，居然没有一个离开我们

我在2017年情人节流的眼泪，估计用光了一年的量。

那年2月13日开始，全店员工加上学员和我，9个人开始了一场情人节的战役。往年订单量120～150单，那次很快就突破了200单，因为没有出复杂的花束款，所以并未觉得有压力。事实证明，在制作上我们保持着高效，工作分配到位，制作花礼、分切花泥、抄写贺卡、整理地址、贴号码标签以便不会搞混等。凌晨5点的时候，除了一些因为花材未到位而没有完成的花礼以外，其他花礼已经全部制作完毕，大家趴在桌子上或靠在椅子上休息了一个多小时，便起身安排派送事宜。

派送是5辆车，其中4辆车是我们自己的，每辆车除了司机，还安排了一个联络派送员，专门负责提前拨打电话联系客人、送出等工作。第5辆车，是与我们合作得非常愉快的快递小伙子的，他自己不会开车，找了朋友做司机，拉走了城关区的一部分货。

我们承诺下午4点前结束派送，在3点多的时候，派去城关区的我们的两辆车早已回来，最远的安宁区、七里河区，也已经派送完毕陆续回来，并且每一个我们自己的工作人员都在派送群内回复送达。这一部分客人可以及时查到自己的花礼是否送达或者几点可以送达，而快递公司这边没有。

3点半开始，陆续有客人来问为什么还没有送到。我查了编号，没有送到的基本都是快递那一辆车拉走的货，我联系了快递，他说正在派送，已经到了这个客人的楼下，马上去派送另外一单，并且他和车辆司机分开派送了，会更快。

因为合作了一年从未出过差错，所以我放心地回复客人说很快会送到。

到了4点，来询问的客人增加到十几个，我查了编号，全部都在快递拉走的那辆车上。我开始联系快递，电话不通，再打，依然不通，后来联系到开车司机，对方支支吾吾，问哪些没送到也不清楚，说还有另一家的货。这时我才知道，除了我们，对方还拉了另外一家花店的货，在此之前，我告诉了他我们的货量大，他说将优先派送我们的货。而事实是，他们的派送能力能安排好我们一家已经很好了，但他们还接了另一家的货并未对我提前告知。

客服无法应对客人的怒火，将客服号递给我看。我一边回复着十几个客人的催促，一边继续打快递的电话，无法接通，无法接通，再打司机的电话，突然就变成了空号，多打了几遍打通后，他依旧说不清楚任何状况。

大家坐在身边看着我一边打电话，一边不断地向客人道歉，已经词穷得不知道该解释什么。我忍不住眼泪，偷偷哭了几声，然后询问司机车上还有多少货，现在的位置，我们去取剩余的花礼，自己来派送。6点左右，拿到了司机剩余的货。我的反应还是太过迟钝，如果更快速地做出反应，客人会收到得更早。

我一直以为也就差最后几单了，后来才发现，快递请来帮忙的司机脑子非常混乱，越到最后时间越紧，而他发现自己根本没有能力派送完毕，客人生气，他也没有办法处理时，完全困在后悔来帮忙的情绪里，已经没心思送花了。

开始整理未送完的客人订单，逐一打电话重新确认地址。大部分客人的态度都非常好，给我说没有关系。打完一个，哭一阵，再打下一个。其实哭解决不了任何问题，但那个时候，我完全无法控制眼泪，内心完全处于"大家这么信任不远，而我居然没有按时把花送到"的情绪中。这里面还包括情人节第一个预订花礼的客人，他担心订不到，提前一个月就付了钱，居然还被延误。

将火车站东路的花送到时，男孩出来取花看到是我，说姐姐怎么是你亲自在送，然后让我不要自责，最后还拍了拍我的肩膀说情人节快乐。

将南滨河路的花送到时，姑娘出来取花还安慰我，我眼泪多得忍不住，姑娘偏过头，说："哎呀我也难受想哭了"。我赶紧收住情绪坐上车，一边关车窗，一边捂眼睛，却发现姑娘没有走，依然站在路边给我挥手。这个过程中，快递小伙也一直坚持和我们送到最后。

晚上10点多全部派送完毕，回到店里开始进行赔偿处理，却无法拖到第二天，不想让客人心里对我们的埋怨停留更久，希望快速解释说明和理赔。即使这一次的服务没有到位，我也希望客人是认可我们的态度的，也让客人知道只要是我们的原因，我们一定会承担责任。

我将所有被延误的客人拉进同一个群，说明情况，告知我们的处理决定：情人节花礼全部免费，进行退款处理，并再赠送与情人节花礼相同金额的会员储值卡，无任何消费门槛，随时当现金使用。然后再次真心地向大家道歉。

收到客人们的回复如下。

"没有不愉快，太太看到还是很开心。"

"别闹，你们也好好过情人节啦，还有最后一小时。"

"以后还会继续支持。"

"放心，这次不能否定什么，还会继续支持不远的。"

"老板无须太过自责，对不远处理事件的态度还是赞赏的，以后会继续支持。"

"我也觉得你们处理事情的态度特别好，好评。"

"一直在等一个解释，现在感觉也不枉我站在路边等了一个半小时。"

"突发状况难免，没关系，辛苦了。"

......

你知道人在那种状况下，一旦收到来自对方的随便一个鼓励、一句安慰，简直像收到上天的恩赐，每一句话都让我在屏幕这边泪流不停。

然后快递小伙在派送结束后，在凌晨给我发来大段语音，说感到抱歉、自责，不想干了，辛辛苦苦一天钱没赚到，还给我们惹了这么大的麻烦，说自己从未这么对自己失望过。快递小伙跟我们合作快两年，真的是非常诚信、靠谱的小伙子，虽然这次出现问题，但不能否认他所有的努力，以及这份工作存在的意义。

沟通、疏导、安慰、鼓励，我告诉他遇见困难就逃避，实在是笨办法，我宁可在最好的时候离开，也绝不在出问题的时候放弃。快递小伙的情绪也终于平复。

最后来说我们的问题，我们也一样，高估了自己的派送能力，花做得再多、再好看，也必须是以完好、准时地配送到客人手中为最终目的，如果最终目的无法达到，那么前期的所有工作都是白费，再喜欢你的客人都会因你无法做好服务离你而去。所以，在后来的节日中，我们都会严格把控订单量，再也不会做超出自己能力范围的事。

事实证明，在那次的派送事故之后，我们在节日的派送上再也没有出现过问题，对待路线、顺序、时间把控、区域分配、人员安排、送达回复、编号查询等细节非常谨慎和细致。

人啊，都是吃亏才长记性。

而那次派送事故中的客人，如今依然是不远的客人。这是我最感动也最骄傲的事情，客人愿意给不远机会，继续选择我们作为传递感情的使者，而我们也用实际行动留住了他们。当产品或服务出现问题的时候，唯一能够挽回客人的便是态度了。如果客人花了钱，但是服务打了折扣，那么除了口头歉意，经济赔付也必须体现。如果不赔付，却要求客人理解你的服务打折，凭什么？所以，别再要求客人理解与克服，我们自己都不愿意，凭什么让客人克服？让你的产品服务与售价成正比。

与诚信相比，钱就不算什么了。

情商与导商，
决定你的员工状态与氛围

如何筛选合适的员工

大公司老板管不过来那么多人，但可以成立一个人力资源部并招聘专业的HR来负责；小店没有办法达到那样的状态，也没有资源去成立一个专门的部门，所以只能靠着老板的天赋以及摸索到的一些经验，还有后期学到的知识去进行管理了。管理这门学问，也是带着天赋感的，不是一味地营造让别人害怕自己的氛围，也不是好言好语地做个老好人，而是需要收放有度。

我的员工们很"奇怪"，每次招聘我都从投来的简历中认真挑选、通知面试、面试后决定谁被录取，但这些我认真挑选的人总是很快离开，陪伴我最久的都不是我当时的第一选择，而是我无可奈何地决定让他留下先试试的人，并且他们做得很好。所以我意识到简历、面试其实并不能够决定什么，它只能作为一个参考，更重要的其实是我们在时间的鉴定下去观察这个人，明白他的优势以及劣势，然后知道怎么去调整和培养。

虽然简历不能让我确定究竟要不要这个人，但是简历是确定员工能否得到面试机会的第一关。老板喜欢的员工不外乎以下几种：忠诚、聪明、有创新力、工作投入度百分之百、靠谱、有责任心、执行力强、敢担当等。可是每一个员工刚来就有这么能干吗？

不是的。

我们知道很多年轻人都是怀揣着一腔热血进入这个行业，每一个来应聘的人都会认为在花店工作很美好，可以晒着下午的阳光，喝着咖啡，脚边趴着一条狗。但这些全部都是假象，所以我们每次在社交平台展示出来的那些东西其实是我们希望达到的状态，或者说那些美好的状态是我们展现给客人的，实际开花店并不是那样。所以在面试的第一关，其实我们是在打破应聘者的一个美梦，很多人都是带着对花店的想象来面试的，但其实花店真的和大部分人的想象不一样。

先来说招聘，大家有没有发现，招聘启事写得越详尽、越郑重，对于应聘者的要求写得越仔细，来应聘的人的层次越高。因为对方会看到你对待招聘这件事的重视程度，所以也会衡量自己究竟能否胜任、能不能投这份简历。也就是说，应聘者也在看招聘者的态度，那么招聘者首先就要用招聘启事表达自己的态度。

不远在招聘这件事上非常严格，每一次招聘都写得非常详细，也会要求应聘者需要提供什么，在简历里面需要表现出什么。所以，我们在招聘这一关先要表达出自己的态度，那么应聘者就能够看到我们的态度并端正自己应聘的态度。

其次来说简历，很多人也会在简历这一关出问题。我们就收过很多不规范的简历，简历正文不写在正文框里而写在了标题栏里，简历上面不留电话、不留姓名以致没有办法联系到对方，还有忘记添加简历附件等情况。

这些细节都反映着你是否重视这份工作。

我们会在招聘启事里面明确标注你需要在简历里面提供什么，需要说一下以往的学习工作经历以及未来3年内的规划，是否会摄影、设计、文案、花艺、视频剪辑等，并提供一些摄影的图片、文字作品还有花艺作品等，自身优劣势的阐述，提供2～3张近期生活照以及其他想表达的内容。

即使要求写得清晰明了，但仍有很多人无法在简历中表达清楚。

这便很有可能错失一个工作机会。

简历虽然没办法决定一个人究竟是不是优秀，但它可以使我看到应聘者对这份工作的重视程度。

接下来，面试。

面试的时候，大部分的时间我们其实都是在阐述自己，因为我已经从简历中对对方有了一些基本了解。面试的过程中，我们着重讲述品牌本身。

品牌的文化是什么，我们未来有什么样的工作计划，两年内的发展规划是什么，让应聘者知道他要加入的这个品牌的未来发展趋势是否跟他对自己的认知契合。我们没有在招聘启事中提及的薪资和休假，在面试中都会告知对方。

还有一件非常重要的事，我们会在面试环节告知对方我无法接受的员工是什么样，这一点讲清楚，会大大降低未来在工作中发生不愉快的可能性。在这个过程中我们也在观察对方的言谈举止、语言能力、穿着打扮、基本审美等，这是在面试中能够互相感受的部分。

那为什么要在面试这一关提供这么多信息给对方呢？

应聘者在简历中已经将基本信息告诉了我们，我了解了对方，也应该让对方了解这个品牌，这样应聘者才能够根据这些信息，结合自身情况来做决定。

面试其实是双方互选的过程，我们在面试的过程中时刻观察对方，对方其实也在面试的过程中观察我们的品牌与团队。

然后，根据职位特征来选择相应的人员。

什么是职位特征？

比如，招聘花艺师我们就要求审美好、手灵巧，招聘客服我们就要求思维敏捷、逻辑性强，商业拓展人员我们就要求机灵、擅长沟通，策划文案人员我们就要求思维敏捷、文笔好、擅长新媒体运营等。所以招聘的时候应该根据所招职位，从简历以及面试中慢慢分析，看谁最符合我们的要求。有时候面对二选一，我会有点举棋不定，我就会让两个人一同进入试用期然后慢慢观察，很多时候不太适合的那个人总会先提出离开。

最后，试用期。

我们的试用期是3个月，这个时间其实蛮长的。所有进入不远的新员工，压力是非常大的，尤其是之前在其他花店做过花艺师的人，要把审美和感觉调整到一个新的频道，很多习惯不容易改。对于完全没有从事过这个行业的人来说，对于花束层次的理解需要一定的积累，才能产生质变。但是很多人等不到质变的那一天就已经放弃了，所以一大部分人在试用期这一关就被刷下来了。有的是自己提出离开，有的是我认为不合适。

拿花艺师来说，它是一个技术性的工作，很多人可能手稍微笨一点，但如果很勤快、多多练习，3个月就可以做出日常零售的产品。在整个试用期内，除了教基本技能以外，更重要的是观察，我们会在试用期里面观察员工的人品、性格、投入度、思考能力、团队协作，以及同事关系等。这些隐性因素其实是比技术能力更重要的存在，也是我们考量究竟用不用这个员工、怎么用这个员工的重要因素。

反过来，不论这个人的个人技术有多强，如果他的人品不够好，性格比较孤僻、没办法团队协作，能力很强但不够投入等，也是不能够接受的。

我确实很乐观地希望能够找到跟我们三观一致、价值观相同、愿意全身心投入去将这个品牌做得更好的员工，他的忠诚度、能力、团队协作、投入度等都符合要求。

招聘这样一个人非常不容易，可我还是不愿意降低标准，觉得肯定能够遇到。我也愿意在遇到有这些基础的一个人后，通过影响和培养，让对方渐渐成为我需要的人，即使时间很漫长。

我们也会在工作中给予员工一些目标提示，比如未来的计划是自己开店，还是在花艺行业深入钻研，或者希望参与这个品牌的成长。了解员工的目的，将他的愿望与实际相结合，有针对性地培养，这样将事半功倍，让他更好地为品牌服务。不怕有野心，只怕没有目标，让人无从下手。不怕有目的，就怕没有目的，找不到双方交流的立足点，才让人觉得无从下手。

所以，一个靠谱的员工除了技术以外，更多的是对品牌的认同和维护、对团队的尊重、对自我情绪的管理，以及保持积极努力的状态，而这些状态并不是每个员工一进来就拥有的。现在很多花店的员工都是以"95后"为主，年轻人其实并没有太多工作的经验、为人处世的经验，以及自我情绪调整的经验。对一份工作、一个品牌的热爱不只是嘴上说说，而是要踏踏实实地做事，这个过程其实就是要看老板带人的能力了。

当员工的内心状态与技术都达到了标准，他才是一个靠谱的、合格的员工，老板也才能够放心地将事情交付出去，才会有时间和心思去做一些设计、一些大方向的把控。

当靠谱的员工不止一位的时候，有了更多可以承担的人，那么业务量就可以看到显著的提升。找合伙人，我们要看自己的短板是什么，找员工其实也是一样，他应该人与你一条心，诚心诚意地想把品牌建立起来。你知道，这个世界上最怕有心人。

如何培养员工

很多人跟我抱怨自己对员工很好，给他们送礼物、让他们去休假，加班结束也会送他们回家，为什么到最后他们还是离职了？其实，对员工好是一个初级的方法，更重要的是让员工自发地对品牌产生认同感。所以，培养员工具备内心认同的素质就变得尤为重要。

我从以下6个方面来讲。

第一，是基本技能的培养。

我们从花店常见的两个职位——花艺师和客服来进行分析。

先说花艺师，胜任这个职位需要知道品牌的品质标准，比如我们要求所有使用的花材必须十分新鲜以及完好，如果花材上有折痕或其他任何问题，都要进行修整或当作损耗，不能再使用。

但如果新入职的员工不了解我们的品质标准，觉得略有瑕疵的花还可以使用，或者他之前的花店同样的花材都是可以使用的，那就产生了品质标准方面的不统一。

另外，除了花材本身，还有一些技巧方面的标准。比如层次、形状、色彩、包装的把控等，任何一项没有达到我们的要求，就无法送出。

所以我们会将标准化作为一个附加项，融入花艺师的本职工作之中，一方面是对客户的负责，另一方面也培养了花艺师的责任感，新入职的花艺师会渐渐明白自己手中制作完成的每一个订单都代表着品牌形象。

关于客服，我认为客服的职责不止是负责回答问题，不是客户问什么回复什么就可以了。客服和客户沟通是为了促成下单，那么只下这一单就足够了吗？当然不是。我们的目的在于此次下单之后，客户拥有良好的购买体验以及对我们的认可，从而在以后每当有关于鲜花的需求时都能第一时间选择我们。

另外，客服在跟客户沟通的时候不能只看表面的意思，还要根据当下的语境来分析客户话语中潜在的含义。所以我们在招聘客服的时候，必须要求他反应速度快、逻辑性强，有分辨能力和足够高的情商，而不是能回答问题就可以。

在花艺师和客服的培养上面，老板根据当下店内真正的需求以及发展状态，按照自己的高标准去培养即可。如果一开始在培养员工的标准方面就随意、马虎，很容易让员工有侥幸心理。当后期出现问题时，他们会认为自己刚开始都是这样的，为什么现在不可以。

所以在培养的过程中，让员工知道这个品牌、这家门店以及这位老板的做事风格，是双方能够和谐共事的基础。

第二，关于做事风格。

关于做事风格，我在招聘的时候其实已经做过筛选。

首先，我们会把做事的底线以及无法接受的事项提前告知对方，新员工入职后，就能切身感受到老板究竟有怎样的行事风格。这一点，实际上是在建立大家的品牌认同感，同时也是对目标一致性的一种检验，更深层的想法是希望彼此的三观基本相近。在随后的日常工作中，我除了下达任务，还会跟员工讲清楚我们的目的是什么。当员工知道了目的，在执行任务的时候，他可能会比只知道命令更容易接近结果。

比如，妇女节前夕，我们必须要赶在一个节点前把所有的款式打样出来，因为这个时间节点过后便难以再购进资材和把控人数，或出现其他种种问题。所以，当员工问这些工作为什么要做得这么急时，我们不能直接下达命令，告诉他你必须完成，而是向他解释要在某个时间点之前完成的原因，以及如若完不成会造成的后果。

当对方理解你的原因和角度，就会明白你的目的，从而促使他在做事的时候直奔目的，避免"老板让做什么我就只做完这一环节"的情况出现。

其次，要帮助员工整理做事的逻辑。

当缺乏工作经验的年轻人进入一家新公司时，他们是很难靠自己串联起做事的逻辑的。所以，我会在日常工作中根据某件事情询问员工做事的方式方法，比如会问他接下来该怎么做，做到这一步会考虑什么问题。

当他们把所有的问题暴露，我才会帮他们整理正确的逻辑，并梳理清楚为什么这么做，做到哪一步会产生方向感或者分歧，这些问题该如何解决，将其依次罗列出来。

所以，了解老板做事的风格，从更好的角度帮助员工整理逻辑，实际上都是帮助员工渐渐熟悉品牌的文化和理念。当这些和他所认同的理念达成一致，或他受到了这些理念的影响，那么他自然会加深对品牌的认同感。

第三，职场对内的沟通与表达。

之前看到一个报道：80%的管理问题都是因为缺乏沟通或是无效沟通。所以沟通与表达在职场上的重要性不言而喻，以下跟大家分享一些我们通过实践总结而成的关于沟通和表达的方式。

1.让老板知道你在做什么。

我之前读过一本职场小说——《杜拉拉升职记》。其中，杜拉拉和她的两位同事每次向老板汇报工作后，杜拉拉的评分都不及两位同事高。她分析原因后发现，其他两位同事和老板同在上海区域，而她在广州区域，老板看不到她的实际工作量。于是她总结了一个方法：每周都给老板列一个表格，表格上是她这周要完成的工作，后面附上她的解决方案，每个解决方案都包含两至三个选择，以供老板决策。

后来，这样一个简单的方法让她逐渐获得老板的认可和信任。

杜拉拉获得信任的原因是什么？首先，老板知道了原来你每周会做这么多事情；其次，你有非常不错的解决问题的能力，并且你还把选择权交给了老板，让他获得了充分的尊重。

我的团队里经常会有员工问，老板我是不是应该转正了？是不是该涨工资了？这时我都会问他最近做了什么作品、有了什么进步、目前的问题是什么、下一步的工作计划是什么。

当然也需要老板来辨别真实性，不排除会有"聪明"员工弄虚作假的情况。

所以，职场的沟通和表达其实并不难。简单来说，就是坦然地让老板知道你做了什么、准备做什么、遇到了什么问题、如何解决了问题。

2.向老板汇报进度。

有时我给店长安排某项任务，随后这件事情就杳无音讯了。直到我问他完成了吗，他才会说完成了。我说：为什么不告知我一声呢？店长虽然最终完成了任务，但对于老板来说，在结果出来之前总会处于不放心和不确定的状态。当然，我相信店长有能力完成这项任务，但在这个过程中向老板汇报进度和解决方案也是必不可少的。

例如，这个方案是怎么做的，选择了什么色系，其中花材成本是多少，由哪家供货商供货，供货商会在哪一天下午几点之前送货到店、第二天的活动在几点、如何安排等。这才是对于一项任务进行回复的标准要求，万一出现问题，老板还可以及时纠正。

所以，让老板了解当下工作的节点以及解决方案，建立相互的信任感与安全感。

3.基于事实坦诚、开放地沟通。

很多老板的管理方式会让员工有压力，有时甚至还会使员工不敢直接提出自己的想法，这在职场中是比较严重的问题。

首先，老板不知道员工在想什么。他可能对某件事情早已有了意见，或者当他想要提出自己的建议时，却被压制了，没有得到释放，这些都会引发很多小问题。

所以，创造一个坦诚而又开放的沟通环境是非常必要的。比如我们会定期开会，询问大家对最近的工作有没有意见和建议、自己在工作中是否遇到了问题，或者老板最近哪件事做得不够好而自身没有意识到，又或者品牌目前遇到了什么问题而老板还没有发现等。

经常创造这样的氛围，是因为只要有一个员工发表了意见、提出了建议，其他人就会受其启发，因为看到他提出了意见，老板不但没有生气，还接纳了他的想法。在解决问题的同时，又能创造一个良好的工作环境。所以，这会激发其他员工的积极性，并建立他们的信心，让他们认为自己完全可以在这样的工作环境中创造价值、提升自我。

另外，当遇到某个问题时，老板当然可以直接告诉员工怎么做，但是我认为还有一个更好的方法，就是把这个问题直接公布给大家，让所有人一起讨论。每个人都可以发表自己的观点，最后将所有人的意见整合起来，变成一个更加完整的答案，从而解决这件事情。这样会让每一位员工有对工作的参与感和对自我的认同感，并且可以体会到"在这件事情上我也为之出力，并且我的建议得到了采纳"。

再来讲懂得道歉、对事不对人、换位思考这3点。在这几个方面，我希望老板可以做好表率。

很多人犯错后不好意思道歉，或者明明知道自己错了，但就是没办法张口承认自己的错误。我是一个会道歉的人，无论是对员工、伴侣，还是对孩子或者朋友。一旦我意识到这件事是自己的错，我会立刻道歉。

我认为道歉并不是软弱，不道歉也不代表强大；相反，道歉其实是非常棒的一件事。能够在认识到问题后立刻承认问题、改正问题，这才是内心强大的表现。所以我希望把我的心理状态传递给员工，让他们明白道歉这件事并没有那么困难，也无须害羞。

关于对事不对人。我在指出对方的问题时，通常是基于这件事情没有做好，而不是指出这个人有问题。一旦我们上升高度，开始评判这个人，这是非常不好的行为。

还有一点，换位思考。当你不太理解对方为什么这样做的时候，或者当对方不理解自己时，我们可以尝试换位思考。老板站在员工的角度，员工站在老板的位置，也许很多时候，一些针锋相对的问题在换位思考后可以迅速被解决，双方能理解为什么对方要这么做。

虽然这几点看起来是十分简单的小事，但却可以让双方的沟通变得平和、高效。

关于沟通和表达的最后一点，就是提出问题的同时准备好解决方案。

我的员工经常会来问我某件事情怎么解决？虽然大多数时候，主要是由老板来解决问题，但我认为当员工有问题去问老板的时候，最好准备几个解决方案供老板斟酌和选择。原因一是让老板看到你有解决问题的意愿，二是让老板了解你有解决问题的能力。

其实这一点也类似于之前提到的"让老板知道你在做什么"。因为当员工提出问题的同时还提供备选的解决方法，让老板来做选择，这会使老板对员工留下非常不错的印象，也许还暗自称赞这个人在做事情的时候既能提出问题，还能做出解决方案。

所以，不要只盲目地提出问题，而要在提出问题后想一下有什么解决方案，带着问题和解决方案再去找老板。

可以发现，沟通更多时候是基于问题本身，基于我们想要让对方达到的状态。所以，这个过程中不要带有私人的情感或涉及对方的私事。在职场中，不是交流私人感情或者交换秘密，双方就会变得更加亲近，相反我认为这些是不利于建立良好的职场关系的。所以，就事论事，不去涉及无关的事务。

4.鼓励员工进行新的尝试。

在新的尝试中，员工会暴露更多的问题，有缺点，也一定能看到优点。发现缺点，让其及时进行修正；发现优点放大，并进行鼓励和表扬，让员工在这个过程里产生更多的自信。如果员工做了尝试，得到了效益和认可，便会获得更多的自我价值认同感，从而产生对品牌的归属感。

同时，我们也会鼓励员工独立去做决定，因为做决定意味着承担责任。如果员工敢于做决定，并明确他所要承担的责任，那么在做这个决定的时候，便会考虑得更加全面和充分，以确保不出现问题。一旦有员工愿意做决定，也愿意承担责任，这就意味着这个品牌有了一个更好的帮手。

从老板的角度来说，我们需要给员工充分的授权以及合理的犯错范围。

这样，员工在做事的时候便会有一套自己的逻辑。如果在这个过程中，老板不断用自己的想法去打断他，便会对他产生影响，致使员工不敢做决定；同时，我们要允许员工犯错，只有犯错，才能够发现问题所在。敢于给员工足够的空间，让他独立自主地完成一个项目，这便是他在职场中的巨大进步。

5.进修的安排。

我们的团队中并非所有的课程都由我本人去学习。我会给关键岗位的同事安排一些学习和进修，比如会给客服安排专业的摄影课程，给花艺师安排心仪风格的课程等。这些学习所产生的费用全部由花店承担，同时也会要求学完课程的同事负责给其他相应职位的同事进行知识的共享和传播。

另外，我们每个月都会组织团队活动，团队活动并不是单纯的吃喝玩乐，我会根据员工目前欠缺的东西去特别策划一些内容。比如，有些姑娘不太会化妆，我们就会请专业的化妆老师来指导，又或者有些员工的普通话不够标准，我们便请一些发音标准的老师进行普通话的纠错等。

做这些事情的初衷只有一个，我们不止希望员工的工作对这个品牌能够起到推动作用，还希望通过努力让员工个人进入更好、更优秀的人生状态。

同时，我们还会组织一些短途旅行，又或者每年一次的出国旅行，都是希望让员工有更大的格局、更高的眼界，以及更宽容的心态。这些会在后期员工呈现作品的时候显现出来。

而审美，也就在这个过程中，逐步地建立了起来。

所以，基于以上，我不希望员工整天围于门店，只知道制作好订单，而是希望每一个加入团队的人，不但能够有基本技能的提升，能够参与一个品牌的成长，并且在自我状态和精神层面都能得到提升。

我们希望不远的员工不仅要变成一个优秀的业内人，更要变成一个优秀的自己。老板如果在培养员工方面有了这样的意识，员工也就能够切实地从这些小细节中体会出老板的用心，这对建立老板和员工的关系有非常良性的帮助。

6.关于权力、责任和义务。

如果一个员工被安排去公费进修，那么他一定担负了更大的责任，并且也拥有一些权力；与此同时，当然也要承担起相应的义务。我们知道工作是由人来做的，人在被需要、被认同的过程中实现着自我的价值，同时激发出内心的自信和自豪感。

如果说员工已经技能稳定、格局开阔，思考问题具有一定的逻辑性，并且对品牌有归属感；同时他有独立完成一个项目的能力，敢于做决定和承担责任，至此，他对工作的积极性便开始自发地产生了，整个团队的工作氛围也开始形成了正向循环。而这时，就是老板可以尝试放手的时候。

有话需要直说

有很多同行的朋友跑来问我，你是怎么"骂"员工的？

当然"骂"这个词有点不准确，我们其实想要讨论的是如何指出问题。我之前以为这是一件很简单的事，后来才发现身边的创业者中有不少人不好意思对员工指出问题，要么含糊其词，要么得过且过。

我得先介绍一下自己，我精神世界的洁癖感其实蛮严重，精神洁癖的实质意思是，希望自己生活里的情绪每天都是清晰的，包含我喜欢谁要说出来、我讨厌谁也会有途径去表达，出现问题一定要立刻解决，做错了一定会道歉而不论对方是谁。

如果每天所有的情绪都要整理完毕才能心安，那么，话要怎么说就很重要了。

我在招聘面试的时候会率先扔底牌，提前告知对方我的做事风格。这有点类似于大家常说的"先小人后君子"，我会直接告诉他未来我们有可能会在哪些地方产生矛盾，而我将会如何处理，了解底线会大大降低因此而产生矛盾的可能性。

比如，我喜欢直来直去，直接告诉你哪里错了、该怎么改，因为这样的方式最节省时间。我讨厌甩情绪和冷战，出问题就解决问题，一味放大情绪并不能解决问题，非常没效率。作为成年人，应该有控制好自己的情绪的能力，我每天管理好自己的情绪已经很不容易了，不想再去负责安抚员工的情绪。

我讨厌请假和迟到，所以要求员工把所有的私事都尽量安排在假期，前提是我们所有法定节假日、休息日，以及年休制度都是齐全的。我讨厌耍小心机和不诚实的人，一旦发现，他必须立刻走人。我希望大家明白，我们是对事不对人的，指出问题是基于某一件事没有做好，而不是说你这个人有问题。

当把这些我最讨厌的状态告知对方后，其实在最初级的相处中，他就已经有了大致的概念，这些便已经在他的可接受范围之内了。

而我也确实是一个经常挑毛病的人：这个包装不合适，这束花层次不够好，这个花篮形状有问题，这张照片对焦不清晰，背景不好看，模特衣服不协调，光线不合适等，后面还会跟一句谁做的？谁拍的？我的员工说我每次一问谁做的，他们心里都要抖一下。我甚至连免费送给会员的生日花都不放过，一点点小问题我都会提。

这样做的结果是什么呢？

我的所有花艺师全部非常认真、仔细地盯细节。我老问这个作品谁做的，所以后来客服每在群里发一张作品图，后面都要缀上这个花艺师的名字，就是说制作者要对这个作品负责。

我不是吹毛求疵，我是在对不远这个品牌负责，对客户负责，对客户给予的信任负责，更是对员工的职业素养负责。他们除了赚钱，还需要成长。你只有做一个严格的老板，才能有对作品严苛、对技术负责的员工。

有人可能会问，这样每天挑剔，会不会有员工不开心？我认为，当指出问题、解决问题已经变成工作中一件很平常的事情时，这就是正常的工作沟通了，谁会因为今天老板跟我沟通了一件日常工作而不开心呢？

我听过很多人说，遇到不算什么大事的事情，觉得说了有点尴尬，往往含糊一下也就过去了。可是，我们是要与员工长久相处的，虽然不像伴侣那样要相处一辈子，但是好歹也有一两年吧，为什么不跟一个要长久相处的人直接提出我们认为更好的方法和意见呢？把所有的意见都憋着，结成一个个小疙瘩，最后解不开了，岂不是更难受？

所以，有一个非常重要的点，就是我们要解决问题，我们和员工不是对立面，我们和问题才是对立面。当明确这个点的时候，员工知道你是在解决问题，而不是在针对他，状态可能就会不一样了。

当然，提出意见和建议是相互的，每次开会我也要问员工在最近的工作中对我有什么意见或者建议，在工作中有没有遇到困难，或者需要哪方面的提升，是否需要我的帮助。

当你对员工提出意见和建议，希望他能够变得更好的时候，我们也需要倾听员工的意见和建议，否则，"只许州官放火不许百姓点灯"，你会因不公平而失去人心。

我经常能够在员工给我的建议中，发现确实比我想的更好的方法。我有时候会忍不住拍大腿，感慨自己怎么有这么聪明的员工。

没错，我们是一个团队，不是一个老板拖着一个团队往前走，而是一个团队齐心协力地往前走。

老板到底需要怎样的员工

很多人跟我抱怨，说遇到一个称心如意的员工真是太难了，有的人入职3个月还无法将花束包完整，有的人跟客户沟通时前言不搭后语，甚至还经常说错价格，有的人永远理解不到老板的意思，强调了无数次的问题也记不住，等等。

其实，没有哪个员工一入职就完全符合老板的所有标准，大多数员工都是在时间和事件的磨合中慢慢成长起来，最终成为一个品牌的重要参与者的。

那么，老板到底需要怎样的员工？无论是技术、人品、性格，还是责任心、能力，这些都是衡量一个员工的标准。我相信每个老板或者品牌负责人的内心都有一些自己的侧重点，以下是我个人比较看重的6个方面。

第一，忠诚度与对品牌的认同感。

在很多企业里，忠诚度是非常被看重的一点。当我要提升某个员工的时候，忠诚度是被考量的首要因素。我们是否同心，对方是否有陪伴品牌继续成长的愿景，这非常重要。所以，这里的忠诚度也可以称为安全感，即员工传递给老板的关于工作的安全感。

而员工的忠诚度和给予老板的安全感一定是有前提的，也就是团队和品牌本身为员工付出了什么，是薪资、晋升、自身价值的体现，还是人文关怀、成长空间等。只有团队为员工考虑到了这些问题，才有可能获得员工相应的忠诚。老板不能在一开始就要求刚加入团队的员工绝对忠诚，这是十分荒谬的。所以，忠诚度是在工作的过程中逐渐产生的，并不是一朝一夕就能具备。

忠诚度其实也包含很多内容，比如对品牌的认同感、维护感、归属感。举个例子，有一天我到常去的按摩馆按摩，一位较为熟悉的技师在服务过程中跟我聊天，表示想要辞职，并抱怨工作得不开心，老板承诺的事情没有做到，提成又少等。虽然只是普通的聊天，但如果站在对方老板的角度来看，就是这位员工有了辞职的苗头，并在尚未确定的情况下就将这个负面状态传递给了第三方，并且这个第三方是客户。而客户的第一反应会是我熟悉的技师要离开了，第二会想原来这个品牌的人员这么不稳定，第三会想我认可的这个技师离开后我还要继续来这家店按摩吗，第四是员工隐约传递了老板说话不算数的信息，客户会对品牌产生负面的印象。所以我们不难发现，当员工对品牌没有认同感和维护感的时候，就算技术再好，也有可能用寥寥几句话，就让老板的苦心经营白费。

所以，忠诚度与认同感是员工非常重要的职场品质。

第二，逻辑性与执行力。

我们店里的行事风格，我一向是以执行力强著称，员工评价我也是用雷厉风行这类词。一旦决定开始一件事情，我就要立马见到成果，因为想法涌上来就很难压下去，所以必须立刻动手实施，我个人是这样，也希望我的员工具备这样的特质。

什么是执行力？简而言之，有想法立刻去实施，有问题立刻去解决，这就是执行力的体现。而执行力不只是快，还需要逻辑支撑，且员工积极主动、不怕麻烦。接到一项任务后，员工首先应该梳理逻辑，分清步骤，弄清从哪里下手，如何实施，仔细地一一排布。

比如，妇女节前的任务，是由所有员工全权负责产品的打样和销售，所以产品是否符合节日的特性，收花人群和购花人群的分布和特质，花材是否在节日期间有货，款式是否方便派送等问题，需要提前思考和解决。首先根据客户群来决定款式以及每款的销售数量，随后购买打样的材料，再者就是后续的环环相扣的步骤，如制订价格、把控销售总量、选择色系与花材、确定花材是否有货，而后打样、拍摄、准备文案，再到发布、列花单、给花商下单并确定到货时间、人员届时的分工安排等。因为任务多且繁杂，不能同时完成，所以每项任务都要提前安排时间节点，按照节点来进行工作的分配，这才算是一个较为标准的执行流程。

其实，工作的流程也就是不断解决问题的过程，能思路清晰地逐步解决问题的员工，哪个老板会不喜欢？

第三，情绪管理。

大多数情况下，情绪管理是一个很容易被忽视的问题。而在老板眼里，懂得稳定情绪，不将私人情感带入工作，并以饱满的状态、拿捏有度的分寸去面对工作的员工，是职场中的好员工。

我曾经有一个员工，她的工作能力非常强，摄影、制作、责任心、细致度等各方面都十分符合要求，于是我开始想要让她成为品牌的合伙人。结果因为一系列情绪问题，我打消了念头。

因为升职前的试用，所以她参与了员工的管理工作。但她的方式是不直接指出问题，而是用低气压的情绪和冷战来表达不满意。后来，我们进行了一次谈话，我告诉她同事之间的关系非常重要，不能用这种方式管理，而是要学会控制自己的情绪，用有效的方法沟通和解决问题。结果依然不好。

然后她进行了持续的带着负面情绪的反抗，最后导致了工作关系的结束。也因为这件事，此后的每一次面试，我都会提到情绪管理，以免再出现同样的问题。

其实，大多数人都避免不了情绪的产生，也有很多人情绪上头就无所顾忌，然而这在职场中被视为大忌。理性的职场氛围是由人来控制情绪，而非情绪控制人。稳定平和、处事不惊、以高情商解决问题的人，才会让工作达到事半功倍的效果。

当然这只是基本的情绪问题，除了控制好自己的负面情绪，老板更需要能时时调动工作积极性的员工，因为正能量思维的员工对一个团队而言非常重要。

第四，良性沟通。

我是一个有话直说的人，所以也会下意识地培养员工学会有话直说，但是，"直接"不代表不顾方式方法和场合。如果我对某个员工有意见，会选择马上解决，小事会坦诚地公开说。比如，这束花有问题需要修改；这份方案不合适需要重新做；这样回复客人不够好，下次应该怎么说；这些图片可以尝试一下其他拍法；等等。完全公开坦然地表达意见，代表这件事是非常稀松平常的，是每个员工都可能会遇到的，便没有人会因为这些小事而产生情绪了。

当然，遇到不宜在公开场合沟通的事情，我会单独找员工谈话，指出问题的同时询问原因，而后给出解决意见。老板给员工留足面子，员工才会给老板留面子，若不想让员工跟你针锋相对，就不要让员工当众下不来台。

第五，职场形象与职场对外沟通。

花店常见的工装基本是围裙，工作人群以年轻女性为主，大部分的工作也是在店内完成。但当品牌发展到一定程度，企业合作、商业宴会、商场酒店等订单一定会增加。

我发现，很多企业客户谈合作的时候都喜欢与老板谈，但其实以店长的知识储备，这些合作都可以由其出面完成。可是，我每次想要派店长前去接洽的时候，还是觉得有些不合适，好像气场上稍显不足，很容易被对方牵着走。

所以在合作交谈的场合中，首先，一个良好的职场形象非常重要，形象是带给合作方安全感的第一要素。如果我们跟企业客户谈合作，对方身着职业装、高跟鞋，妆容精致，而我们的员工仅仅按照自己的性格、喜好来打扮，就明显不够正式。所以，想要在工作上有长远的发展，必然要在形象上给自己增加一些职业感。

得体的形象是对合作的尊重。

其次，关于合作的沟通方式。语言的组织、节奏的把控、自己的立场以及重点部分的提醒，还有除了工作以外简单的寒暄，这些都是很重要的部分。只有站稳交谈的立场，才能在无论对方提出任何要求和问题的情况下，从工作角度出发阐述观点及意见，用清晰的思维、得体的言语去解决问题，达成合作。

如果没有一个这样的员工，这一类活动的谈判只能由老板来完成。

当然除谈判之外，日常工作中还有教学活动，例如团体课、专业课等，面对客户和学生，形象和语言能力都尤为重要。

第六，成长性思维。

什么是成长性思维？换句话说，成长性思维就是正能量思维。这类人的思维特质是，认为任何事情都可以通过努力得到解决；反之，固定性思维的人表现为总将失败的原因归于外界，遇见困难会第一时间寻找借口，否定自己或否定任务。

其实，每个人都不是完美的，包括老板自己。但是很多问题可以通过后天的学习来解决，拥有成长性思维的人擅长通过后天的不断努力弥补自己的短板。

如果老板发现了员工的问题，并试图让对方通过了解问题出现的原因以及改变带来的意义，产生修正的驱动力，那么大前提是对方有充分接纳的意愿。当然难以避免的是，老板也会遇到一些不为所动的员工：一种是你讲什么他都觉得自己更有道理；另一种是看起来他在很认真地聆听，但行动上没有任何改变。

关于成长性思维，还有另一个方面。我是一个擅长做计划的人，不论未来事情是否按照我的计划发展，只有做了计划我才安心。所以后来我也要求员工们每逢年初做一份计划，与工作有无关系都可以，关于自己、旅行，或者关于梦想、工作的目标。从小小的计划里，我可以看到他们对未来的期许与对自我的把控，也能看到他们日渐成熟的技能、审美、要求、格局。

有成长的意愿，能听取合理的意见并且尝试做出计划和改变，这是我最为看重的职场品质。

如何留住好员工

我看过史玉柱的一篇讲如何留住员工的文章，第一句说的便是：团队做得好不好，首先要看作为核心人物的老板做得正不正，你做得不正，这个团队肯定会散掉。

是的，这是一个很简单的道理。品牌高度看产品，品牌的长久看的则是人品。

第一，说说薪水。

薪水与正确的职业规划比情怀更重要。

我讨厌画大饼，从不认为可以用对未来的期许换取现在付出的不对等的劳动力。

薪水在一份工作中一定是一个很重要的存在，即使这份工作可以带给员工很多的经验，也不能抹去薪水的重要性；对于员工额外的付出，也要用各种方式给予弥补，如额外的奖金、补休、旅行等。把付出量化，这是最好的工作模式，双方都轻松。别试图用人情换取劳动。

只有经济上被满足，精神世界才能丰富起来，毕竟我们想要的都是有想法、有见地的员工，并不是只会做订单的员工。

可能因为传统花店的缘故，大众将花店工作定义为不需要什么门槛的职业。但是，兴起的新型花店开始对员工有高素质的要求。我们希望大家认识到，花艺师虽然比较辛苦，但其实也是脑力工作者，做出一个好看的作品是需要想法和执行能力并存的。所以，我们希望大众对他们的称呼可以由花店小妹变成花艺师或花艺设计师，让他们感受到这是一份体面的职业。这一点也要能够在薪水上面体现出来，这是员工自我认可的重要途径。

我一般会在员工之前考虑涨薪，我们一直强调工资是根据能力来计算的，你的能力强，我当然要支付与能力相等的薪水。我如果看到某个员工有着明显的进步，或者自愿承担了原本不是他工作范围内的事务，减轻了我的工作压力，那我都会在衡量过后主动加薪，让员工觉得付出与回报是对等的，自己的付出是被认可、被看到的。如果你的员工主动来找你加薪，不论他的能力究竟有没有达到你的期待，他对现状肯定是不满意的。

员工的薪水也不是一开始就很高，是经过实习期、初级花艺师、中级花艺师一点点提升的，能力进步工资就上涨。如果有非常棒的员工，我愿意将薪水涨到她的期待值之上，员工就会创造出更大的价值。当然，薪水属于功能性价值，属于标配，每个人只要工作就有薪水，是人初级需求的满足。

第二，工作氛围。

我们拍过一个视频，采访每个员工，问他们为什么要留在不远工作，每个员工都提及了工作氛围好，每天都很开心。我知道工作氛围很重要，但第一次发现原来它这么重要，这么多人都将工作得开心放在了第一位。

我在公司上班的时候，也经历过一些不和谐的氛围，所以自己创业便一定要在我喜欢的氛围里工作。任何会打破良好氛围的可能性，我能避免就避免掉，毕竟主动权掌握在老板手里。

要说工作得开心，这里面涵盖的因素就非常多了，我们着重说以下几个。

1. 同事关系。

我在招聘的时候，会将我看重的特质、绝对不接受的方面表述清楚，所以能够入职并且通过试用期的人，其实品性都是差不多的。我为了避免员工之间的冲突，没有采用谁的客户谁拿提成的方法，避免了抢客户的可能性，宁可多发工资减少利益冲突，营造产生好氛围的基础。

2. 坦诚沟通。

大家有话直说，不冷战，不憋着，坦诚沟通。情绪都有途径可发泄，便不会自己难过了。老板也要听得进去员工的建议和意见，我们有一个客服本来干得很好，后来辞职，手续办妥后我问她除了自己的一些打算，有什么不满意是这个工作实际带给她的。

她说："一直不好意思说，老板你看，花艺师下班就是真的下班了，客服下班其实相当于还在上班，因为拿着客服手机，随时还在担心有没有客人咨询，心里一直是不踏实的。"在此之前从来没有客服告诉我这个状况，而我也粗心地从来没有在意过这个问题。她告诉我之后，我们立刻决定客服下班后将客服手机留在店里，在签名栏内标注在线时间，第二天上班再回复昨晚的信息。

经历这个事件之后，我意识到我们一直在说坦诚沟通、提意见，但有的员工因为性格因素可能真的不会主动找老板谈。于是我们设置了会议建议时间，每次开会都要挨个询问大家在最近的工作中发现了哪些需要解决的问题。毕竟，每一个问题都有可能促成一次进步。

3. 老板说话算话。

我是一个很注重诚信的人，做不到的事我不说，说出来的事便要做到。即使真的因为种种原因做不到，也要说清楚原因，绝不揣着明白装糊涂。我对说话不算数的人格外不喜，嘴上不说，心里几乎立刻将这个人从我的交往或合作的名单里剔除出去。

诚信是人与人交往的基础，一旦收回说出去的话，或者含糊其辞、推脱责任，对方也便没有了对你守信的责任，这就打破了双方互相信任的平衡。所以，我不管对方有没有对我诚实守信，我要做到自己问心无愧，任何时候都可以坦坦荡荡。做不到的事情不要说，说出来的事情便要做到，哪怕最后无法做到，原因也要讲明白，让员工对老板有着充分的信任。

与守信的人合作或交往，是一件非常有安全感的事。我想让我的员工在一个踏实、安心的环境里工作，对未来有着明确的规划，对我有着足够的信任，这样才会拉长他与我一起为品牌服务的时间。领导层面一旦出现问题，最出色的员工总会率先离开，因为他们拥有更多的选择。

4. 分工明确。

我的花店的职位有店长、客服、花艺师、负责清洁工作的阿姨。

所有职位分工明确，责任和义务便是明确的；谁的问题由谁负责，便很少出现互相推诿的情况，也便降低了发生冲突的可能性。

阿姨的职位也是很重要的。花店每天的换水与清洁花器工作真的是大工程，如果没有专门负责的人，员工们每天忙完订单和其他工作，还要负责所有的体力劳动。尤其是过完节日之后，累到崩溃还要整理完毕才能离开，是真的不容易，我自己都撑不下来。请了阿姨之后，这一部分的烦恼就迎刃而解了，我希望所有的工作人员都能够专注自己的工作内容，不要为其他事情分心。

5. 不拘小节。

我主要在技术和内心状态上严格要求员工，日常的听歌看剧、吃饭、收快递、聊天打闹等我一律不管，只会关注客服的回复速度、回复的语气和措辞，关注花艺师的制作速度、作品细致度、所选花材的新鲜度、设计能力的提升、工作状态的饱满度等。不要把精力和视线集中在无伤大雅的小事上，在处处拘谨沉默的状态里，谁都待不了太久。

员工有给我讲一些在之前的团队中遇到的欺负新人等情况，其实这个时候就能发现，整个工作氛围是由工作中一个个小的部分积累而成的，最终量变引发质变，促成了"工作氛围好"这样一个总结句。

第三，个人成长空间。

除了薪水和工作氛围，员工选择加入这个品牌还有自我的成长计划，这也是个人的价值体现。

好的老板可以帮助员工快速成长，除了让员工为品牌出一份力量，还能让员工提升个人能力。我会根据员工的自身意愿来寻找适合的方向进行培养，比如未来你想自己创业，那么在你有能力、有潜质的情况下，我就会把你往店长方向培养，尽量让你变得全能，从技能到管理，从设计到执行，从管理情绪到抗压性，当然前提是需要确定好你为这个品牌服务的时长。

比如你想在花艺这个行业里面深入学习和发展，那我就会把你往讲师方向培养，从上简单的兴趣课开始，让你列出课程讲解大纲，给同事尝试演练，给客人们教授简单的作品，尝试上大型的团体课程，最后成为专业基础培训课的助教讲师。这个过程中，我们会关注发音、讲课的仪容仪表、自身的形象、组织语言的能力等。

将员工的个人成长与品牌的成长绑定，员工成长，品牌就一定在成长。所以不用担心员工学会离开后就变成了对手，这是每个花店老板必定会经历的一课，既然不能因噎废食，那不如索性坦荡起来，我教你东西，你为我服务，各取所需。

一旦员工的能力提升了，而品牌的发展却逐渐停滞，或者领导者的个人能力有限，这时，员工想要离开便是很正常的事情。这个时候再去说对员工多好是很幼稚的事情，任何情谊都不能阻止人想要变得更好的决心。

所以，品牌的某个时间段内的发展规划是为了给员工一个方向，让大家知道今年的主要目标是什么。我们会在每年的年初会议上告诉大家今年努力的方向、期望达到的效果、目前的问题、解决的方案等，然后大家讨论执行。方向清晰，目标明确，员工有奔头，心里就会有工作带来的安全感。

当然，领导者个人也需要不断努力。只有领导者一直处于领先的状态，员工才能在这个团队中拥有学习空间。

同时，我们也会询问员工的一年计划，这个计划包含但不限于工作，我们希望可以更全面地了解员工对工作和自我的目标。了解清楚双方的需求，才能更好地为彼此服务。没错，某种意义上，企业要为员工做好服务，帮助员工完成梦想和目标，才能更好地维护团队的稳定。

除了基本技能，我们还会重视员工精神层面的培养。我一直信奉，一个人的内心世界越丰富的逻辑越严密，作品的高级感、做事的顺畅性也会体现得更明显。所以，我们每年的闭店大旅行是全店最期待的一件事，大部分员工第一次出国都是在不远实现的。每个月的团队活动，如化妆、形象改造、语言纠错、瑜伽、健身、爬山等的效果，会逐渐体现在员工对品牌的归属感以及员工自身发生的变化上。他们开始有了更多的理解方式，看问题的角度不再单一，包括对事件的见解、观点、表达方式都有了改变，对生活也有了更高的追求。这些隐形的改变渐渐地显现出来，让他们变成了更好的自己，这是非常棒的一件事，他们自己也逐渐意识到了。

第四，自我价值的体现。

什么是自我价值？

你承担了更大的责任、帮老板解决了更大的难题、提升了业绩、赚到了钱，老板对你欣赏和认可并产生了信任和依赖。相应地，你的薪水必然提高，也会有更多的权力，责任感更强烈，这其实就是自我价值。

那为什么还是有很多员工选择离开去自己创业？其实回想一下我当时辞职的原因，多是不愿意受管束，很多事情不能按照自己的想法来实施，觉得自己做可以呈现得更纯粹。但很多员工往往会忽略一点，错把平台的优势当成了自己的优势。创业不是一件简单的事，开一家店也不仅仅是会一点技术那么简单。

让员工懂得自我价值与品牌价值是相辅相成的，这是很重要的一件事。

那么自我价值究竟如何提升？我们在之前有写过试错、承担、独立完成、被鼓励、被认可等，这么串联起来一讲就能发现，很多问题已经在日常中被良好的工作模式解决掉了，也就不用刻意来营造了。

最后我想说，企业吸引人才并逐渐建立企业文化，优秀的企业文化吸引更多更好的人才，这就是为什么最优秀的人才都在最厉害的企业里。

当然，即使我们全部做到了，也许依然有人要离开，离开这件事在我们人生中无法避免，任何人都有分开的时候。所以，坦然接受，真心祝福。

老板和员工究竟应该如何相处

很多花店都是小规模经营，老板不好意思与员工将关系处得过于制式，觉得不够温和。我之前做了一个采访，问员工为什么留在不远工作，每个员工都说工作氛围好、老板与员工关系轻松等。但是，这个轻松也是我走了非常多的弯路才找出来的。

我最早的几个员工犯错误是不需要负责的，都由我来承担。打碎花瓶不用赔，迟到不扣钱，花材不新鲜被投诉说句不好意思就好，差评都是我来负责处理，那时候我还对自己这样的行为特别感动，觉得自己宽容又善良。但结果就是，之后不论员工打碎了多么昂贵的花瓶我都不好意思让赔；一个月30天，最少迟到28天，反正又不扣钱；但凡被投诉，我拼命道歉发红包，员工却只是讪讪一笑，留我心里一口气憋着。即使这样，我当时在员工心里并不是好老板，她们私下对我还是有一些怨言。一直到她们离开，自己也开了花店当了老板，似乎才理解我，遇事会来询问我如何解决，感慨老板不好当、员工不好带。

后来再招人的时候我开始从她们身上汲取教训，一点一点改进制度，在面试新人的时候就说清楚要求，能够接受的再加入、所有我在面试时提到的底线问题，都是我在之前的员工身上遇见过的。

问题来了，是之前的员工不好吗？或者是现在的员工更好吗？不是，是管理者的方式不同导致了两种不同的结果。所以，很多时候，我们看到的是问题的表象，而不是真正的原因。

再后来，这些初级的问题被解决掉了，我的员工关系的问题开始变得更"高级"，我有一个员工跟了我两年，应该说彼此是很了解的。说到对她的看法，于公，她的执行力强，接手一件事情能迅速做出反应；表达能力好，我们所有对外的商业接洽以及对公业务、税务、银行业务等都是她在负责，店里的大部分管理工作也是她在负责。于私，她很贴心，经常提醒我吃药、吃饭、喝水，店里缺什么、需要什么帮助，她第一时间调用私人关系来帮店里处理。我怀孕时出差，觉得带着她是最安心的，我甚至将她设成除了我家人外的第三位紧急联系人；而当我测试紧急联系人功能时，她是唯一一位立刻联系我的，是的，我的家人都没有她反应快。

我们的关系似乎很好。

直到有一次她报错了一笔账，因为这笔错账，我多查了连续几天的账，她认为这是对她的不信任。这件事成为导火索，最后引发一系列事情，导致她辞职。我们拿这件小事来分析一下，我是老板，不论你有没有报错账，我都有随时查账的权力，更何况还是因为有了错账才查。如果只是上下级关系，这很正常，因为她的工作出现失误了。

但我们想象一下，如果是朋友的关系，查账这个行为在对方眼里相当于在怀疑她的人品。我们是朋友，你居然不信任我。

是的，我们越界了。

我们把工作和生活混在了一起。当一个人参与你生活的程度越高，话语权就越大，若你不断享受对方给你带来的好处，却不允许对方有一点点违规之处，就很难说得过去了。

从本质上来说，老板与员工是利益共同体。这一说法的前提是，他们的三观以及目标都是一致的，这跟我们组建家庭，希望家庭越来越好的道理一样。可一旦将生活带入了工作，将感性的情绪带入了理性的职场，势必会产生碰撞。大家尝试把同一件事分别放在员工和朋友的身上想象一下，很多事情都会有完全不同的处理方式，因为身份发生了变化。

我是老板，我在那个位置便只能按照我的制度、我想要的团队来经营和处理。而员工是帮助老板解决问题的人，不是制造问题的人。一旦这个层面出现问题，那基本上没办法再走下去了。

我的员工不论出于什么原因给我的生活提供了便捷与舒适，而我享受了这份便捷与舒适，这已经达成了双方一种默认的接纳度。在某种意义上，我已经给了对方她与其他人不一样的错觉，而这种错觉也让我被蒙蔽。员工认为自己和老板关系亲近，老板认为员工绝对忠心，可一旦有事件产生，矛盾点也便立刻凸显了。

我们最后讨论的都不是工作本身了，而是人情世故。总有人从工作角度出发，也总有人因情绪问题离场，立场完全不同。

从这件事情上，我又一次汲取了教训：不要与员工过分介入彼此的私人生活，否则，朋友和上下级的关系交缠在一起，很多简单的问题也会变复杂。

有一次，我的一个员工说，其他地方老板就是老板，员工就是员工，但我们这里感觉不是。我说我的原则也是老板就是老板，员工就是员工。她说，我们是一种工作和生活相融合的感觉，并不是只有工作。我觉得大约是更有话题感，我跟员工之间除了工作之外，还会聊音乐、电影、旅行、服装、化妆、目标、为人处世的一些感受等。这些话题并不会越界，但是可以让严肃的工作氛围柔和下来，让工作的时候不是只有工作，还多了一些期待。

所以，我不是姐姐、不是朋友、不是家人，只是老板，但不是冷冰冰的老板，我希望员工的每一份努力和进步可以用金钱来衡量。我能努力教大家更多的技能，发给大家更多的薪水，让大家既可以在价值上有更大的体现，又可以在一个开心的氛围里工作。这是老板对员工最大的负责，也是对品牌和对自己的负责。

创业，需要全能型选手

领导者是阅读者

我曾看过一段话，大意是每一本书基本都是在表达作者的内心，我们认真地阅读了那一本书，其实就是看到了作者的内心，好像我们与很厉害的人成了朋友，在听他表达观点。

如果把读书当成与作者交朋友，那么，同样在听他人表达观点的还有看电影、欣赏画作、摄影、观摩雕塑、听音乐、读诗歌、看戏剧、看设计等，当我们尝试去领悟，便是你与创作者惺惺相惜的时刻。也可以理解为，看书或者观看任何作品，当你有所领悟的那一刻，相当于站在巨人的肩膀上，去享受与接收作者已经理解透彻的观点与美感。所以，这是最容易获得知识的方法，它也许对实际生活产生效应的过程很慢，但效果却最为深远。

我尝试观察了我的员工接收知识与新鲜事物的状态与审美、设计能力、与作品本身的关系，发现它们是成正比的。

最优秀的员工保持着阅读书籍与观影的习惯，对新鲜事物保持着好奇心与探索能力，同时还关注彩妆、明星、财经、新闻等，对未来有规划，想去日本学习设计。我们偶尔聊一些话题时，她可以适时接住并抛出不错的观点。而她的学习能力、领悟能力、举一反三

/// 摄于 埃文·奥拉夫（Erwin Olaf)的摄影展《平行》

/// 摄于 埃文·奥拉夫（Erwin Olaf)的摄影展《平行》

能力、自我状态调整能力，以及灵感摄取等，都明显比其他人更优秀一些。

还有一位员工，我在她入职半年左右时，发现她除了日常作品，设计能力没办法再往前突破了。一旦没有模板，她整个人都处于迷茫的状态，我们提醒了好几次，她也很认真地反省了自己，日常作品有一些进步，但是一旦到设计新的作品，还是一团乱麻。半年过去，我发现她的花艺水准还是停滞不前，制作的作品稳定性不错，但仅限于制作常规作品。我在日常的接触和后来的聊天中得知，她几乎没有什么爱好，也不太关注某一方面，我提出让她尝试每两周读一本书，她一脸愁容，阅读对她来说大概是一件很难坚持的事。每次问到她对未来的规划，都是认真思索后毫无结论，只说想要好好工作，但其实处于无从下手的状态。

后来我大致将每个员工的喜好、日常接受知识的途径，以及目前的能力做了对比，发现基本成正比。我又尝试回想身边某一方面比较优秀的人们，因为自身工作的原因，我接触到的也基本是艺术类的工作者，他们有的是摄影师，有的是服装设计师，有的是画家，有的是美学传递者，有的是花艺设计师。在他们的社交平台上，能够看出他们的语言能力、审美力、处世观点，以及处理问题的方法，整体状态都是平和而宽容的；也能够从细枝末节里看到他们保持着阅读、旅行、写文等，拥有接收能量及输出的渠道。而这些状态对优秀的人几乎是必然的。

看一部戏剧、一场展览，或许不会让今天的作品立刻有起色，但这些能量的接收其实在潜移默化地改变着思维能力、艺术审美，增加自信与敏感度，改变着选择和思维方式。在看很棒的戏剧或书时，我们的思路会跟着导演或者作者想要传递的东西思考，思考到某一处可以延伸的点，便会停下来挖掘可站稳的理论，从而得出属于自己的新理论。而这个新理论，就是它们永远留在你身体里的东西，这便是阅读与体会的意义所在。

每一个作品里，大约藏着你这几十年的所有能量，是你看过的书、走过的路、经过的风景、遇到的人，是笔下的文字，是每一份情绪的表达，甚至是痛苦，是流过的眼泪和深夜的孤独感，是所有这些感受，当下那刻永远留在你身体里的东西。

那些细枝末节影响着你如今的审美与判断，使你变成现在的自己。

时间与金钱的自律性

我和几个员工一起吃饭时，聊起买房的事儿，说谁前几天买了套单身公寓，首付20%，8万元。一个员工念叨自己也好想买，可是没钱。

我说，还记得一年前我提议你们应该买房子的时候，你们是怎么回复的吗？你们说不想买房子，要享受当下的快乐，赚钱就是用来花的。

她感叹：就算我想买，我也攒不下这些首付啊。

好，我来说说这件事吧。

有另一个员工，因为家庭原因跟我借了5万元，要求每个月发工资的时候从工资里扣除一部分作为还款，算下来差不多一年也就还清了。

如果没有这件事的压力，按照她平常的消费习惯，这些钱当月就花掉了，但是因为有了欠款的压力，相当于这一年的时间她强制性地存下了5万元。

很多人存不下钱，是因为没有压力或者明确的目标指引，钱如流水，不知不觉也就花完了。如果说在一年前，那个买房的目标被点燃了，员工经过一年的努力，存下了5万元，有了一些积蓄，今天遇到了这套小房子时，这件事就是努努力，请亲朋好友帮帮忙就可以买到了，但如果一分钱没有就仍会觉得遥不可及。

我们再来说说所谓"活在当下"。很多年轻人说，我不喜欢存钱，只要每天活得开心，想买什么就买什么，多好啊。

我和我一个朋友都是在20岁出头的时候买了属于自己的第一套房子。朋友买那套单身公寓的价格在三四年间翻了3倍，当然不一定所有的房子都在升值，但不动产最起码可以让金钱不会太贬值。

当年轻人自己愿意努力，并且已经接近梦想的时候，家人一般都愿意搭把手，父母会引以为傲的。我买完房子装修完住进去之后，大约有半年的时间都是天天独自一人买菜做饭，没钱去做其他事情，那时我23岁。

我还认识一个"90后"小朋友，他在北京的一家公司上班，很喜欢日本，这几年一直在坚持学习日文，我在他的朋友圈里经常能够看到他发的日文作业、例句练习、写的

第一篇日文作文等。上周，他的朋友圈发的是：单程票，生活了8年的北京，再见。他离开北京，去了东京读书。

这几年学习和金钱的积累，让他完成了一个大的目标；同时，他的工作能力、设计能力、执行能力，也是有目共睹的。

再回头来说活在当下的开心，究竟是今天喝了一场酒开心、买了一件衣服开心、买了一只口红开心，还是我们将所有金钱与时间攒在一起，遇到机会的时候厚积薄发，拥有一个写着自己名字的房子、申请一所心仪已久的学校、靠自己的努力去想去的国家学习生活开心呢？哪一个的满足感和价值感更凸显呢？

时间就是金钱，但又比金钱更为奢侈。

时间无法储存，走了就走了，但如果用这些时间学到了知识，这些知识让审美得到了提升、让生命拥有了更多的可能性，时间的逝去便不可惜了。

时间变成了经验与知识，才让那些一去不复返的青春变得更有意义，让未来的日子变得更耀眼。未来可期，好汉就不用只提当年勇了。

我是一个做事喜欢制订计划的人。我们把大目标分解成小任务去完成的时候，其实更容易。比如我前几天去游泳，因为刚刚学会换气，所以并不熟练，偶尔还是会呛水。我发现心里一直想着我要游到对岸时，总是会呛水。而当我把目标变成了我只要换好这一口气、不去管能否游到对岸的时候，我每次都可以完美地游到对岸。

放下那个所谓的大目标，换好当下这一口气，总会游到对岸。

建造一座属于自己的能量大厦

当一个人决心将自己扔进从零开始的环境时就应该知道，所有跟这件事相关的一切，都要靠自己来完成。

创业者需要承担起诸多事务并扮演多种角色，除了管理好自己的情绪与状态，还要把周遭的一切纳入观察与掌控的范围。

我想分享几个小故事，来讲讲除了技术之外，我如何在想法层面帮自己解决一些创业中的问题。

第一，关于敏感和触角。

2018年是我们业务增长情况非常好的一年，不管是零售还是课程，客户都有飞跃式的增长，但我没想到，这一年却成为我最焦虑的一年。我是一个未雨绸缪的人，会在看起来很好的时候思考，如果有一天不好了，这个浪潮过去了，我应该靠什么走下去。第二个焦虑的点在于，我对自己的作品是不满意的，对我的设计能力、出新能力都不是十分满意。

我们知道任何一个品牌的位置都不可能一直居高不下，有起有伏才是常态。对此我寻求了很多解决问题的方法，比如2018年安排自己和员工一共出去学习了十多次，但学完之后发觉花艺风格并没有特别明显的改变。我忽然意识到，我们学到的可能只是花哨、漂亮的招式，并不是可以内化在身体里的功力，所以并没有起到缓解焦虑的作用。

于是我又想了其他方法，比如给自己安排了旅行。我想自己应该去看看不同的国家、民族，以及世界。我与友人约着去了一趟埃及，路上聊到我的困惑。我说当我发布文字、展示态度的时候，大家的反馈非常多，社交平台的点赞评论就会很高；但当我发布一些作品、产品时，得到的结果是没人理。所以后来我把生活的一些东西收起来，希望能够认真做作品，期待有一天作品发出来，可以像文字一样得到很多反馈。

听罢，朋友说她从来不觉得向羽和不远是分开的，看不远，就是看向羽，看向羽亦是看不远，因为一个品牌一定是带着创始人的力量建立起来的，创始人的所有生活全部

能够呈现在品牌里面。

那一刻一直钻牛角尖的自己突然想通了，在飞往阿斯旺的飞机上，我仿佛隔着窗户看到了上帝的转盘，转盘上每一个分支代表着一个可以帮助我到达对岸的因素，我却告诉自己不能选长板。

后来开始明白，我只要能够靠自己的能力去到对岸，那就是对的。

于是，2019年，我做了一些改变，把之前那些强压在自己身上的东西全部放开。我开始在公众平台发布一些观点、表达一些态度，开始赋予鲜花有意义的话题活动，希望用自己的方式一点一点感染大家。

我更希望可以将我们的思维与客户建立起连接，因为精神层面的连接，才是最紧密的。

同时2019年开始，我们对课程和产品的设计也开始做一些突破，但突破可能意味着失败。比如有一次我们的一个设计是想把甘肃丹霞地貌的缩影展现出来，但失败了，失败之后的一段时间我都惴惴不安，担心下一次的新设计依然会失败。但是，敢于尝试就是有意义的，如果因为害怕停止了尝试，那么做花这件事可能会变得索然无趣。

其实讲这些是想说，在高峰的时候要多想一下，有一天从高峰跌落后该靠什么走下去。同样，如果现在正处于艰难时刻，不要放弃尝试，等机会到来的时候牢牢抓住它。

但只拥有敏感与触角是远远不够的，如果说这是看问题的前提，那么逻辑与分析就是形成看问题角度的条件。

第二，关于逻辑与分析。

我有两个员工吵架，闹到最后他们放狠话说，谁都不要再理谁了。矛盾在任何团队、任何公司中其实不可避免，但很多人会在发生分歧和矛盾的当下将情绪放大，最后忘了因为什么事发生争执。

在工作中产生矛盾必然是因为工作，所以出发点一定是想要沟通，希望可以更好地解决这件事，这才是发生争吵前最想解决的问题。但很多人在争吵的时候就已经忘了这些，最后变成了肆意发泄情绪，变成了要赢。

我给他们打了一个比方。我说，我每天都会在工作上指出一些问题，也会指责一些员工的工作方式，但是当我说完以后，不会有人说"我再也不要为你工作了""我再也不想和你沟通了"，他们依然能够保持良好的状态，为这个品牌服务，为什么？

如果仅仅是因为害怕我老板的身份，那不会有那么多跟随我好几年的老员工，更不会有那么多已经离职但依然与我保持良好关系的员工。其实，重点在于职场社交能力。

在看待某件事的时候，我一定不会贸然地指责说，这件事你对或你错。

别小看小矛盾，当事人心里大约都有一个前因后果，随便都能追溯出好几件小事，在不了解前因的情况下，只看一件事的表象来评判对错就显得非常片面。

所以，我用职场思维来询问。

如果把职场社交能力也当成职场里的一项考核，那么你们在吵架的时候，没有考虑更好地为品牌服务，没有考虑如何让问题得到更好的解决，也没有考虑能不能用更好的方式去处理矛盾，这项考核你们就都失分了。所以，解决问题不仅要看到表象，应尽可能看到整件事情的全貌，解决根源而非外在。

当我们能够去解决根源的时候，表象问题也许都不会再发生了。

所以，有了从宏观上看问题的角度，再将它拆分开来，使问题一一得到解决，便显得容易多了。

第三，关于解决问题的能力。

我们长期承接了兰州本地一家银行送给VIP的生日礼物，2019年是承接的第三年。第一年的方案是送花盒，实施后银行给我反馈，说有一些年长的客户对于花盒形态的花礼不是那么接受。于是第二年，我们改进为送瓶花，花器和花搭配好，客户收到后比较方便，不用再单独拆开进行一系列整理；其次，瓶花带着一个花器，也会显得更为重视客户。

但是做成瓶花后，瓶花是四面观的，等量的鲜花被分散，体积量必然变小。方案通过并实施后，我们又收到了一些差评，客户觉得礼物小气，认为自己不受重视。第三年，我们再次优化方案，把生日礼改成礼盒，盒子里面是比较实用的手作皮具小包和一款香氛蜡烛；包上印制客户的名字缩写，希望能从细节上让客户感受到特别定制的被重视感。

结果我们又收到一个差评，客户打电话问为什么要送这么劣质的东西，以后不用再送。

我尝试站在客户的角度去分析这个问题：这份礼物可能已经超出银行给我的预算，但并没有达到客户的消费层次，客户可能已经消费到了马臀皮、鳄鱼皮或者意大利小羊皮，但我们还在送牛皮。

于是，我再次带着解决方案跟银行汇报。第一，把送生日礼物的时间提前到了上午，下午是一天情绪累积的时刻，或许收礼物的好心情已经大打折扣。第二，我们发现大众对于皮料的喜好判断多在于光泽，于是我们选择了同等价位的一种光泽较好的皮料作为制作礼物的原材料。第三，我们在皮质小包里附上了一张使用说明，内容包括如何使用和保养、出现问题该如何联系我们等。希望能让对方知道，哪怕这份礼物不太符合他们当下的消费水准，但这依然是一份很用心、有态度的礼物。

最后，银行方很快接受了我的方案。

在这个故事里，除了解决问题，一个更重要的点是我想给甲方安全感，让他知道解决问题的意愿和解决问题的能力同等重要。

虽然甲方能找到的乙方有千千万，但我希望我们是一个能够不断解决问题又能够给客户安全感的品牌。所以在这件事里，我愿意站在客户的角度去帮他解决他的甲方的问题，这可以给客户很大的安全感。

第四，关于共情心。

我会在每年年末时问员工新一年的计划是什么，不仅是工作计划，也可以是个人计划，比如新一年想去的地方、想解锁的一项新技能等。去年有员工希望新的一年可以去旅行，有员工希望在新的一年买新款的相机，所以我在设置年终奖时把这些心愿考虑了进来。一方面，是对于他们全年努力工作的认可；另外一方面，我想要促使他们明白，自己有实现生活愿望的能力。

　　除此之外，我们每年都会组织团队旅行，每月组织一次团队活动。这个活动不单单是为了开心，我会针对目前员工的职业短板来进行一些弥补。其次，我希望我的员工，无论男孩、女孩，都知道这是一份体面的职业，让他们无论从形象上还是收入上都可以感知这份工作的价值感，于是我们会请专业的化妆师和服装搭配师来给他们做一些形象改造和化妆教学。所有这些，其实都是希望员工明白，来到不远工作并不只是为了赚钱，我希望大家可以在这段日子里变成一个更好的自己。

　　老板和员工是互换关系，除了老板的金钱、经验值与员工的技能、时间这个最简单的互换以外，还有一点是目标和梦想的互换。员工知道品牌的目标与愿景，老板也知道员工的职业梦想以及生活愿望，从而能够产生目标和梦想的互换，这才是这段关系能够走得更久、更远的基础。

　　我希望在完成品牌梦想的同时，员工也能够完成自己的梦想。所以，我希望带他们去看更大、更远的世界，也希望即使有一天他们离开不远，依然拥有自己探索世界的能力。

　　以上是我凭个人经验整理的一部分建议，不代表全部，也不代表对所有人适用。

　　值得一提的是，要激发所有的知觉来做事，无论是敏感度、逻辑思维或解决问题的能力、共情心，还是更多尚未被挖掘的潜力，在这个过程中，请务必坚定地主导自我精神世界，不依赖任何人，更不依赖任何看似有用的道理。

　　当你发觉自我精神建造的能量大厦足够坚固时，便没有什么会让你崩塌。

Exploration
花艺装置展览/向羽

与植物相处的时间，以梳理的状态整理了人生，向外的世界广阔，向内的深入也无垠。有幸除了语言、文字、影像、眼泪之外，还有其他途径来表达。

CHAPTER

03 第三章

若你开始探索，
人生便刚刚开始

人生从探索的这一刻开始

25岁的时候，一位男性友人对我说：女人一过25岁就开始走下坡路了。言辞之间似在替我惋惜，我忘了当时是怎么回应的，后来渐渐地不与他往来了。

后来又听到很多言论，如女人到了这个年龄，必须要结婚了，一过这个年龄，就不好生孩子了。女人存在的意义好像只剩下年轻，趁着年轻，抓紧找人结婚，抓紧生孩子，然后呢？

可这一生还长啊。按照人们的催促，好似人们除了青春，便再无意义了。才活了短短二三十年，这一生就要结束了似的。当你不再仰仗，年龄就变成了一个没有任何实际意义的数字。不必把自己困在年龄的限制里，说想说的话，做想做的事。

你可以成为一个没有框架、没有设定的人。

如若这也是一种自由，那我非常自由。

30岁之后，我越发觉得，探索内在比探索外在更为重要。探索外在是所有人都有意识在做的事，去旅行、去交往、去结识、去看、去听、去感受，探索内在却常常被忽略。我们有感受的意识——我不开心、不舒服、矛盾而纠结、低落而沮丧，这些感受来临的时候，其实就是内心在提醒我们应该停下来看看自己了。要找出情绪是怎么来的，源自哪里，找到源头并想办法解决。而当你越明白自己，对于自己的生命逻辑（面对任

何事都有让自己变得顺畅的能力）便越发明晰，一旦逻辑形成，基本上没有什么事是你解决不了的。

　　我用了"探索"这个词语作为我之前一场花展的名称。

　　里面的每一种花，都是一种表达。

　　我把心里想要说的话都放入其中，在旁边放了小小的注解卡片，寥寥数语，虽然不能将观点完整传递，但这并不重要。重点在于，植物已经作为途径说了话，而观者的接收则应当不被限制，不用在乎他们接收到的信息是否与作者表达的一致。

　　若作品本身用寥寥数语便能激起你心中的联想，那么，作品的意义便已经体现出来了。

　　至于思维去向何处，这归于私人领域。而人们对于"私人领域"的划分并不明确，常常莽撞闯入而不自知。作者留给观者的留白区，与任何人给予其他人的尊重同样重要。

　　展前的视频采访中有一个问题是，你认为现代女性的"高光时刻"与困境分别是什么？我的答案是，这个问题不应仅限于女性，所有人都一样，当你能够真正看到自己、认识自己、接受自己，并且知道自己要以何种方式去向何方，然后准备启程的时候，这都是你的"高光时刻"；所有原本与你方向不同但被人群裹挟着不得不走到的地方，都是困境。

　　人是群居动物，很少有人能够独立于群体之外。但能力与思维逐渐成熟的过程中，人的自我意识逐渐苏醒，并且渐渐有能力将所有的线索串联起来，可以遵循自己的意识去执行，即使你的意识与大众不同，但殊途同归。

　　人在做选择的时候并不容易，甚至，当你随着年龄的增长真正明白想要的究竟是什么时，选择通常意味着失去。很多人无法走下去都是因为在这一步败下阵来，只能从此放下自己，成为另一个人。

　　朋友前两天从洛杉矶回来，去家旁边菜市场里的裁缝铺做裤边儿，裁缝大姐听着她和旁人聊天，等他们聊完后问：姑娘，你从外地回来啊，我想跟你说说话，我觉得你应该能懂我。她说自己是兰州旁边的榆中县人，现在50多岁了，前两天做了一个梦，梦见自己回到了年轻的时候，在家乡榆中，她和闺密采着野花，在田地里跑啊跳啊大笑啊，奶奶在喊她，说："我的娃你下来，我这里有一颗糖果。"

　　描述完梦，她说，自己所有关于快乐的回忆就是30年前和闺蜜玩，奶奶说给她糖吃的那个瞬间。因为时代的局限性，她为了儿女努力了一辈子，却从未为自己生活过而感到沮丧。

　　人生的掌控权啊，你的心情、生活、状态、选择的权利、走的轨迹、过的日子、离开的方式……

　　以上，属于谁？

山与海，弓箭与羽毛，
是我的名字

在决定去埃及之前，我想去的国家大概有法国、意大利、西班牙、土耳其、摩洛哥、英国……去埃及的念头真的从来没有冒出来过。

某天，Yoli发微信说："我要去埃及，想找个旅伴，你去不去？"

我说："啊，你等等。"我看了日程，把工作重新安排，15分钟后回复："好啊。"Yoli是我关注了多年的人，也不知道什么时候加上了微信，一来二去就亲近了起来。见面之前，她在我心里是一个超级端庄的形象，平和而睿智，永远都是披着长发微笑，眼眸晶亮，模样温柔。

前两年，我每年的新年愿望都是希望新一年的自己更加平和，Yoli在我心中差不多都是平和的代名词了。接近想要成为的样子，这差不多是我愿意去埃及的全部理由吧。

奇妙的旅程便开始了。

我对旅行的定义中，最重要的是人，至于去哪里、看什么，其实不太重要，是新鲜的就好。

我除了擅长做事业及自我规划外，其他的规划我都视为麻烦。因为工作太辛苦，所以，工作以外接触的大部分事物，以让我轻松、快乐为最主要的原则。

我不太记得在某个国家、某个地点发生了什么，我可能只记得一片天空、一片海、一层一层的海浪和我们发生过的快乐的事。在哪里，并不重要。

我甚至讨厌走路，讨厌去某个明确的目的地，所以让我为一段旅行做明确的攻略根本不可能。我讨厌工作以外的所有带着目的去做的事情，只希望每时每刻与那些让我愉悦的人在一起。

所以，埃及有什么，无所谓。

和Yoli在白云机场碰面，我在登机口找了好几圈都没有找到她。后来打微信语音，她才从一个角落里冒了出来。她穿着丁香紫的毛衣，比在照片中的她更小巧。她穿着牛仔裤、帆布鞋，背着双肩包，绑着低马尾，瘦小而单薄，更像一个学生，然而她已经是两个男孩的妈妈了。

我们坐的是十来个小时的夜班飞机，在狭小的经济舱，瘦小的她迅速地把自己缩成一团，膝盖放在胸前，像蜕皮一样把最外层的牛仔裤脱掉，然后整个人缩在座位上，看上去很轻松舒服的样子。我尝试了好几次，最终因为体型较大而作罢。

我们在埃及落地，见到了一直等待我们的吴凡。吴凡是旅行策划师，也是Yoli的朋友。

每年的11月、12月是埃及最舒适的时候，微风，干燥。人们站在烈日下晒，躲到树荫下便立刻会感到凉爽。因为和兰州夏天的气候相近，我到达埃及之后很适应。

去温热的地方总是一身黏糊糊，恨不得一天洗8次澡。我总觉得兰州的气候最舒适，干燥而清爽，埃及的11月便恰巧是这么一个我喜欢的状态。

总之，就这么开始了。

埃及有什么？有几千年的文明吧。金字塔、神庙、博物馆、尼罗河，以及每一座雕像上的表情、前后脚、胡子的卷翘，都有细节的提示。每一座神庙里都记载了每一任国王的过往，丰功伟绩、猎物的数量、爱情故事，以及心之所向。

埃及人把一件简单的小事反复地雕刻，只有一点点细节的变化，也要一遍一遍地刻满一面墙。每一任国王的名字用一个椭圆形的圈圈起来，里面画着各种图案，每个图案

分别表达着国王名字中的含义，组合起来，懂的人便知道这是哪任国王了。

我恍然大悟，这么想来，每个人都可以有专属于自己的图腾。

以上都是阿穆讲的时候，我顺耳听来的。阿穆是吴凡请来为我们做全程讲解的朋友，开罗大学历史系的教授，长相颇佳，无所不知。每次在他讲解的时，我的注意力涣散，思维跳跃，对他讲的东西进行自我延伸，听到我感兴趣的点便停下来联想一下，自我感慨半天。

我和Yoli，还有吴凡喜欢凑在一起聊天，我们一个画画，一个做花，一个策划旅行。我们在做事方面极为相似，一聊到工作的事，3人眼睛冒光，头脑极为清醒，分别把遇到的问题摆出来，集体探讨。

　　每个人都有着极为擅长的部分和较真的部分。在工作层面，较真是我们最可爱的特质了。吴凡能够从几百家酒店里面挑出6家来作为我们这次入住的酒店，在酒店的房间里一开窗就是尼罗河，一出阳台就是无敌的夕阳。酒店有几百年的历史，钥匙的材质都是沉重的铸铁，这些细节让人忍不住惊叹，我也第一次不怕麻烦地在有几百年历史的房间中给浴缸放水泡了澡。

　　吴凡订的早餐地点对着金字塔；午餐的地点正对面就是狮身人面像；晚餐的地点要么有一览无余的开罗夜景，要么就是对着空旷的大片田野。她是真心希望我们在每一次无意识地抬头时都能发出一句赞叹。

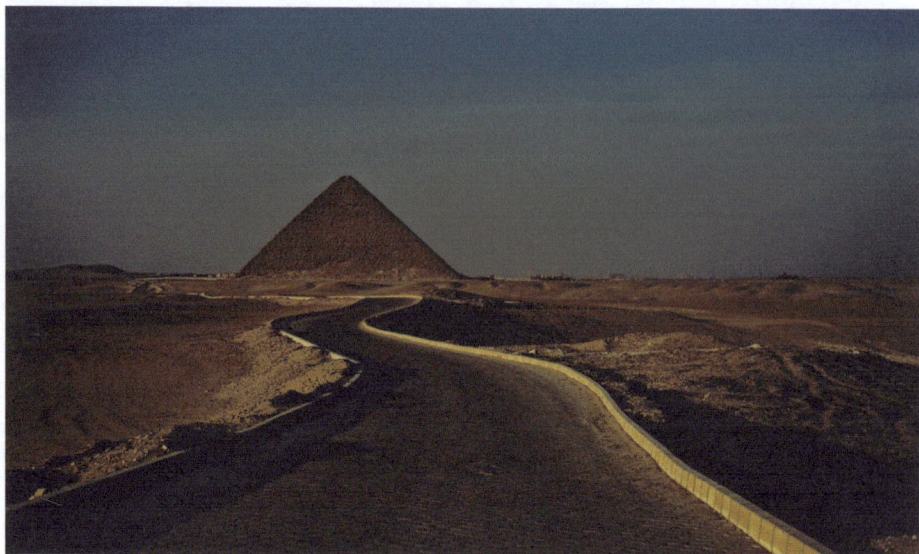

一座沙漠咖啡馆。忘记了是从哪里去哪里的路上遇到的。

脑子混混沌沌，一阵睡着一阵醒着。

宽广的沙漠中间有一条窄窄的公路，车开着开着路边就会冒出来一个穿着白袍子的阿拉伯人。我往沙漠里看，看到了一片海，走到跟前去，又发现海在更远处，原来是海市蜃楼。

一会儿经过荒芜，一会儿经过绿洲，绿洲里的三角梅倒是开得艳丽。这大约更适合与一个沉默而默契的人开车经过，恍惚间就觉得是在三毛的书里了。

三毛的《白手成家》里说，有一次在穿过沙漠坟场去小镇时，她遇见一个刻石头的老头儿，她蹲下去看，被震惊得说不出话来。石头上刻有小鸟、骆驼，还有侧卧着的裸体的女人正在生孩子，她说要买，老头也被惊着了，心想这有什么好买的。她丢下一把钱，拿了想要的石头就跑，老头抓住她，她以为老头反悔了，直往后缩，结果老头又抓起几只石头鸟塞到她怀里。她一路跑回家关上门，这才放下心来，这些东西真的属于自己了。

于是那些在沙漠的烈日下摆摊的人，总是会引起我的特别关注。一个个小小的白色木头房子旁，摆着奇奇怪怪的东西，两边挂着毯子，我希望它们中有让我震惊的、愿意掏出身上所有钱去买的东西，所以我总凑过去，结果总是被商人们热情围住，需要被解救。

那些吸引我的，是曾经在我心里留下印记的回忆。当某些地方与记忆重合或者映衬的那一刻，我会生出更多的情绪，那情绪是旅途中最吸引我的东西。

也是在那一刻，我希望自己是孤身一人的。孤独的人，最易有情绪。那些情绪很珍贵。

整个埃及的旅程中，我最爱这一天。一直在路上的一天，一直在沙漠里行走的一天。那一天里，那些景色、那些天空、那些路边一掠而过的房子与人，是只属于我的。

阿斯旺、卢克索，这些名字都非常美丽。阿穆说，卢克索类似于中国的西安，是古埃及的都城，那时叫底比斯。《荷马史诗》将这里称为百门之都，历代法老在底比斯兴建了无数的神庙、宫殿和陵墓。于是，现在卢克索的地下，大约有着几百座古墓。

我们去了帝王谷，我第一次见到真正的地下陵墓。

在我们逛完帝王谷出来、吃午餐的时候，阿穆收到短信说，就在刚刚，帝王谷中又挖出了新的雕像。

每一段历史，都是靠着发现的文物去填充、去完善的。

阿穆讲了一个历史故事，卢克索政府要求某个区域的居民搬迁，政府盖了新的房子、做好了一切设施，但居民们都不同意，最后只好强制他们搬迁。那一天，所有的人都在哭

泣。居民搬走后，工作人体进去屋内发现，每一户的家中都有一个通往地下的洞。

虽不知真假，但也足以说明曾经的兴盛了。

在卢克索的某个夜晚，我们从酒店出来去逛了一间书店，经过卢克索神庙，走到了一个市场里，很多贩卖的商人，嘴里喊着"One dollar"。也不管东西是不是真的One dollar，好似这不是一个金额，只是一句吆喝。

阿穆说：别买，都产自你们义乌。

好吧。

我们在市场上找了一个茶馆坐下来，周围坐满了阿拉伯男人，他们抽水烟，喝茶，看球赛。

Yoli拿出新买的非常昂贵的莎草纸，又借了一根茶馆的油笔，给阿穆和另一个当地男孩画了速写。被画的人要保持一个姿势10多分钟，我在他们不动的时刻，仔细研究了他们的长相。

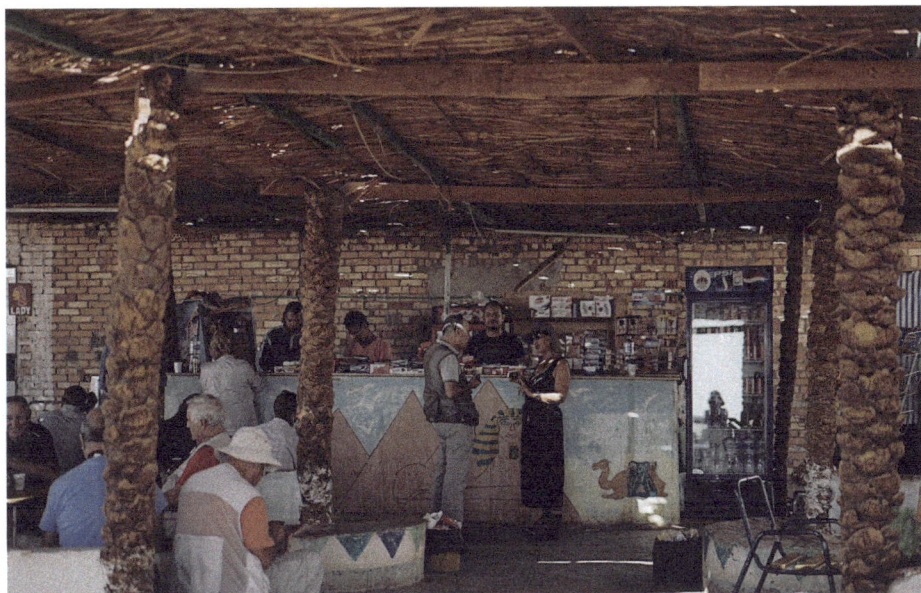

　　阿穆是埃法混血，睫毛卷翘，眼眶深邃，鼻子高挺，还有灰蓝色的眼睛，非常好看。他的妻子也是一位法国人，是一名导演，他们还有两个可爱的女儿。阿穆的中文非常好，好到什么梗都接得上，还能够给Yoli指出n和l的区别。Yoli气得尖叫：我一个中国人，居然要被外国人纠正发音！

　　聊天时我被问到有什么缺点。我思来想去，居然无法描述自己的缺点。我没有耐心，做事虎头蛇尾，天赋不够又懒得琢磨，等等。那一刻忽然都觉得无伤大雅，我明明总是对自己不满意，那一刻却爱自己爱得要命。

　　旅途的最后一站是红海。

　　海水蓝而清澈。

　　一眼看过去，有好几层深浅不同的蓝。

　　我们遇上了一场绝美的日落。

　　我独自一人在海边坐了下来，发现怎么拍都不如眼睛看到的美，索性就放弃了。我听海浪一层一层地袭来，想起很多年前，一位朋友在釜山的海边给我打电话，让我听海浪翻滚的声音。那位朋友已经和我走散，但那晚釜山的海的声音倒是一直回响在耳边。

　　我也想念过往，但知道回不去了。

　　在离开的飞机上，我向邻座借了一支笔，深刻地意识到，做自己，太宝贵。我每一次无头苍蝇般的努力，被自己归类为练招式。我学会了降龙十八掌的动作，却发现没有内功。内功便是慢慢地找自己、做自己、看明白自己，不再跟自己作对。内功是一切的积累，是你读过的书、看过的电影、去过的地方、认识的人、写过的字，是你前半生的总和。我不再纠结于招式了。我坦然地只取悦自己。

看过那些浩瀚，
才知道不是那样的

去年我们本要去伦敦看花展，结果一直到今年才成行。其实不知道为什么要看，可能是因为大家都去，那我便也去看看吧。

我对旅行、音乐、书籍、文字、绘画等很多东西感兴趣，后来生活被忙碌的工作填满，爱好便渐渐被搁置。我近期听音乐都是因为工作的需要或者摘自妹妹的歌单，文字也变成为工作而写。旅行中了解目的地的欲望也逐渐消失，我想了一圈也不觉得英国有什么东西可以提起我的欲望与兴奋，只是觉得大约近期不用工作了，那就完全当作放松吧。

但我对于旅行的期待，仍是非常强烈的。

期待不再来自目的地，而是这趟旅途中的自我探索。我无数次说过，当你尝试自我探索后，没有什么问题解决不了。

在伦敦的很多天，我像一具行尸走肉。花展上，每个人都在惊叹，我也在惊叹，拿着相机拍个不停，大概是因为我作为一个花艺师怎么能不为这一切惊叹呢？

后来，我觉得那些照片占内存就删掉了。

我是很擅长分析自己的，假装热情的表象下面其实隐藏了一颗没有被吸引的心。

我又仔细想，到底什么会吸引我呢？或许，打动了我，又可以归我所有、为我所用

的，便可以真切地吸引我。

那些无法被我拥有的，我都是看看就好。怎么办，我就是这么一个"狭隘"的人。

于是，去一个农场赏花的时候，花没有吸引到我，一个小技巧吸引到我了，因为方法可以归我所有。被鱼子点拨之后，我们画图技巧提升了，这让我心里一下子被开心装得鼓鼓的，要张开嘴笑出来才能释放一点点心里的情绪。我晚上便立刻按照学到的新方法进入工作状态，给客人汇报了婚礼方案。学会的东西都属于我啊。

去诺丁山集市时，我遇到一个卖古着的帅气爷爷，他摊位上的风衣、西装、马甲、鞋子，每一样都是干净、有型的。我挑了3件出来，试穿后都好看，一共100英镑。

默默说：你把衣服先放在这里，我们逛完再回来取吧。

我说：不要，我要一直拿在手里。

那些旧旧的、有年代感的衣服，我抱着就觉得特别开心。

还有，遇到礼物的快乐。

我不是一个有仪式感的人，比起惊喜，我更喜欢礼物真实贴合我的需求。所以，如果你要送我礼物，请直接问我想要什么。又或者，你非常懂那个即将要收到礼物的人。对我而言，礼物没办法在固定的时刻购买，最好的方法是偶遇。

在去科茨沃尔德的路上，我偶遇了一个车尾厢市集，看到那些零零碎碎的手环、耳坠时，看到旧旧的打火机时，看到一块摩洛哥地毯和一本摄影集时，我明确地知道这些东西应该属于谁。

我总是在朋友们需要收礼物的时刻为其发一个红包，我不知道什么东西更加贴近他们，所以我更愿意帮助他们去购买自己喜欢的东西。于我，礼物是贴近心灵的一剂抚慰，不是在固定的时刻必须做出的行为。

有一次出去疯跑了一天。晚上回来，雅子一边翻照片一边念叨：我好胖，我怎么这么胖，不看照片不知道原来我这么胖。

我喊：别再说你胖了。

她回：可我真的很胖啊。

我手机里的雅子美得不可方物，就这还说自己不美，我真的要生气了！深吸一口气，我从沙发上坐起来，盯着雅子的眼睛，一字一句地说："宝贝，我特别真心地对你说，你非常美，不光是外在的美，还有内心的美。我们每一次讨论事情的时候，你都会有另外一个角度，每一个角度都是从善良出发，你乐观、坦诚、爽朗，永远露着一口小白牙。我和默默讨论你，说你的好是四两拨千斤，因为你永远贴心，像一汪温泉，抚慰每一个人。"

说这段话时，我直直地盯着雅子，一直把我和她的眼泪都盯出来。

我去年在埃及旅行的时候，Yoli捧着我的脸说：向羽啊，你不知道你有多美。那一刻，我相信自己一定非常动人，才击中了她。我也神奇地从那一刻开始，不再觉得自己这里不够美、那里不够瘦，觉得照片也不用修了。

后来在一所大学的演讲中，我讲到这个夸赞对我起到的作用，演讲结束后，一个女生站起来说："老师您是被朋友夸赞后才发现了自己的美，那如果我一辈子都遇不到这样的人夸我呢？"

我一时语塞，最后还是告诉她要自己认可自己的美。

后来我发现，让每个人自己认可自己太难了，我们沉迷于所谓的"缺陷"无法自拔。

看不到畅快的笑脸，看不到嘴角的弧度，看不到眼睛里的光，只看到了脸不够小、下巴不够尖、腰身不够细。

所以，一定要把自己认为的美告诉对方啊。

我告诉一位身处舆论中心的人：我支持你。对方说，有你这句话，今天一天都开心。

我告诉妹妹：你最近在发光，我都想追着你的朋友圈看。妹妹说：这是你近10年说

过的最好听的话。我留言给一位吵了架的朋友，说：想你了，来看我。她说：我以为我们都不可能再联系了，这一刻真好。

真心话有一股很强大的力量。

雅子说："我还没有遇到爱情，所以希望自己一直以一个完美的形象出现，这样遇见爱情的概率可能就大一些。"

我说："也许吧，你说得也有道理，那会不会当我认可了自己的笑容与自在的状态，喜欢上了真实的力量后，未来遇到的人便跟我有了灵魂的契合度，不光停留在外表了？当爱变成了条件，一定要够美、够瘦、够白才能遇到爱情，那这样的爱情究竟是什么？当对方发现我并不是那样的时候，还留不留下？"

还有，我们对于美的定义来自谁，为什么只有尖下巴才是美的、为什么大眼睛才是美的、为什么一定要白……这些审美是谁来定义的？

如果大家都一样，美的意义还存在吗？

一晚，鱼子说：我们现在可能看到了世界，但还没有看到火星，没有看到冥王星，没有看到宇宙。

我被击中：是啊，去看看世界，去看看宇宙，看过那些浩瀚之后，才会知道，我们所以为的、信奉的、得意的、失落的，都不是想的那样。

说那些话的时候，夕阳西下，照射进来金色的光，我穿着睡衣，房间里有音乐，面前是红酒与美食。我在上次看音乐会时，觉得自己坐得太端正了，想晃着一杯酒，有点醉，随着音乐轻晃，说一些开心的话，想大笑也不用掩藏。

而那一刻，我就处于那样的美妙中，眼泪一下子就上来了。大家大笑：你哭什么？

我太幸福了，幸福得哭了出来。

离开前的最后一晚，我们喝掉了3瓶酒，每个人边笑边哭，吵架又拥抱。

柯柯说：我从没有过这样的旅行。

自然里读人

好了，结束了。

西安起飞，落地大阪，司机等在门口，带我们去京都。

出海关的时候，工作人员主动挥手指引我们去往她的柜台，刷完护照又微笑着送我们离开，亲切又自然，陌生感一下子被消除了大半，我忍不住也像她们一样开心起来。

入住后洗漱完，我感慨，日本人真细致。平常洗完澡，镜子都会蒙雾，但这里的一大面镜子中间有一片依然清亮，明显是做了除雾处理。马桶都是电动马桶，手纸非常轻薄，方便冲走降解。房间虽小，但设计得方便又合理。

我们吃了寿司，好多不同的鱼、虾和其他东西伏在一团米粒上，寿司等着人把它挑中，我将沾着芥末酱汁的寿司吞进肚子里去，吃几盘便立刻饱了。

我说：你看这个广告牌上写着某某水产，大概就是因为捞到了很多莫名其妙的鱼，想用一个精巧的法子把它们都吃掉，于是就发明出寿司这种东西。一团米粒，任何水产都可以被切成片铺在上面，寿司就这么成了。我们还吃了日式拉面，面均匀筋道，汤汁浓郁，可怎么吃都不是我喜欢的味道，大约是兰州的牛肉面留下的味觉记忆太过深刻。

我对食物并不迷恋，对购物也不迷恋。实际上，好像没有什么可以让我迷恋了。

　　在没有遇到迷恋的事物之前，大约人们都觉得自己是一个与世界斩断情感联系的人。我们去上了一次晨间日式便当课，与两位来自芝加哥的姑娘、一对忘记来自哪个国家的夫妻，还有一个韩国小哥一起，把煮熟的青菜放进冰水里以保持好看的绿色，将芝麻磨碎，并撒在切碎的青菜上。在平底锅里刷上油，倒入搅匀的鸡蛋液，卷起来，再倒入一层鸡蛋液，再卷一层。把米饭铺在紫菜上，再一层一层放上黄瓜条、蟹肉、菌菇，将紫菜卷起来，均匀切开。有一道食物叫作天妇罗，我们明白原理之后，起名为"炸一切"。那堂课上得很开心，因为能亲手一样一样做出食物来。我喜欢的大概是完成时将饭盒端出来放在餐桌上的那一刻的自己，有时候也羡慕那些很会使用厨房的人。

　　京都寺庙林立。

　　每一座都美妙。

　　我坐在池塘前的竹席上看鱼，有黑色蜻蜓落在水面上，又离开，波光粼粼的水面映着灰色的瓦檐。其他人不知道走到哪里去了。我被太阳晒得困得撑不住，在竹席上躺了下去，想着稍微缓一下，居然立刻睡了过去。不知道睡了多久，一睁眼，整个殿宇就我一个人，轻风拂面，立刻神清气爽。

　　搬到南禅寺住的那一天，落了一场大雨。房间是用原色的木质与竹席装饰的，我推开方形的窗户，看到了荷塘，雨刚停，荷叶全部绿挺挺的，把行李一扔便立刻跑了出去。这是我第一次离荷塘这么近，可以摸到荷叶、看见纹路，四周转了一圈，也没有找到断掉的荷叶，想要得到一片荷叶的愿望没有实现。可是看见它们都亭亭玉立，我就满心欢喜。我被荷叶美得说不出话。其他人要往寺里去，我说我的心被美给装满了，装不下其他东西了，想要回房间自己去消化消化，又担心错过更美的地方；于是，我带着一颗鼓鼓的心继续往远处走去。

　　太阳一点点升起来，绿叶被照耀得亮亮的。阳光洒在殿宇上，一半明，一半暗，我站在台阶上，静静地看着阳光一点一点地变化。

　　我联想不起什么，也没有办法离开，只能脑子一片空白地看着眼前的画面。

　　雨后的寺里，一片碧绿，流水潺潺。蝉声，风吹过树叶的声音，那些好似并不惊艳的美，一点一点地钻进了心里。声音太美妙了。去茂庵的路上，我顺着石阶一路而上，在岔路口能看见指引牌。拐了好几个弯儿，进入了茂庵的院门。去之前我想象不到这究竟是一座怎样的咖啡馆，只是一位未曾谋面的花友留言说值得一去。大约在半山腰的一片树林吧，一处小小的门，门上写着茂庵。

　　进入后，继续拾级而上。奇妙的是，明明是同一座山，进入院门后，声音忽然不同了起来，像是与外面隔开了。风的声音、鸟的声音、蝉的声音、树叶的摩擦声，风铃声，只有这些。我可以听着这些声音坐一个下午。不大的房间内，零散分布着几组客人，并不是一水儿的年轻人，有几位中年人、几位老太太，这里也是他们的聚会地点。我隔着一整扇的长格窗户，看着岚山。这里景好、食物好。临走时，店主追出来送了小礼物，说我们远道而来，小礼物当作茂庵留念。

　　我躺在竹席上看池塘的那一天，一位穿着长袖长裤工作服的花匠，戴着帽子，搭着毛巾，顶着高温，拿着一个小铲子和小竹篓一直在清理旁边园林的杂草。我被晒得发困，一阵清风过来便立刻闭起眼睛享受。后来躺在竹席上睡着，再醒来时，花匠整理了一整篓的杂草，移动到下一个区域继续工作。花园保持着长久的美妙。

　　我总是遗憾为什么有人看不到我们的真心、我们的设计、我们的努力、我们的好，以及其他，可我们真的做到了吗？做到30%、50%，还是70%？

　　还早着呢。

　　别停。

不肯停下的人在经历什么

之前和一个朋友吃饭聊天。

他也是创业者，遇到一个契机，拿下了更大的场地，投入了更多的资金，开始重新装修，打造新品牌。

他说起与合伙人目前的困境：合伙人建议两位创始人应该提升品牌而不是个人的力量，如果持续让客户只认准两位创始人，那他们作为摄影品牌，想要扩大品牌的覆盖面明显是力量不足的，所以合伙人想要创始人转做管理和幕后。

我的朋友不同意，他想要精进技术，凸显风格，把个人的影响力做持续传播，然后可以获取更高的单价；并且，他认为他们目前的员工虽然已经跟了他们好几年，但是成长速度非常慢，没有独当一面的能力，要遇到好的员工太难了。

然后他问我的建议。

我告诉他，我更赞同合伙人的想法。

想要把一个品牌做得更完善，靠一个人的力量是不够的。一个想要发展得更好的团队里面，一定有这样几个角色。第一种，宣讲者，能够把控整个品牌的大方向，对品牌的理念和发展的方向性进行明确的指引。第二种，决策者，做出相应的策略，把决策拆分成每一个可以落地执行的行动，并下达命令。第三种，能够追随宣讲者，认同他所坚持的理念，并且执行决策者所拆分出的行动的人们。

拿不远的团队举例，我其实承担了第一种和第二种角色。我把控着整个品牌的理念与传递，又很明确我们所要去往的方向；同时，我也在做决策和任务分解，明确每个人

的职责权利。

而我希望的，是大家信任不远这个品牌。如果只是信任我个人，那今天这束花不是我本人做的，是不是不远就不值得信任了？如果我只把精力用来做每日的客单，那我们能够传递的东西就极为有限了，因为我没有时间思考更为宽广的领域。所以需要找合适的人一起，分工合作。朋友呈现抗拒状态，说，你们花店培养人容易啊，我们摄影行业想要培养一个合适的人太难了。

花店培养一个合适的人当然也不容易。我们花一年时间来培养他的基础技术，再用一年的时间提升他的设计能力，第3年，经过前两年的锻炼，他才开始进入彼此明白的思维层面。这个时候，其实才刚刚开始。

我说："当然难啊，我们到今年第7年了，才遇到这么几个贴心的人。可是难的时候，你肯定是在走上坡路；如果你走下坡路，那是很轻松的。遇到合适的人这件事，确实需要一点运气和缘分，但是你总要抱着一定能遇到的希望啊。如果你心里已经认定因为太难，根本不可能遇到，那就是真的遇不到了。"

朋友说，他现在的员工已经跟了他们两年，但是到现在能力还是一般。正说着，因为是周末的夜晚，我的手机开始陆续收到消息，是大家的第二周个人计划来了。从今年开始，大家需要列出自己每一周的个人计划，不是日常的工作内容，而是可以突破自己的工作小计划，比如自己不敢的、自己不会的、自己曾经做不到的，而所有做的这些是可以帮助我们对外推广的。比如并不擅长摄影的员工就会计划比日常拍摄更有难度的产品拍摄；花艺师则尝试更为突破的花艺设计；员工们自己设计家居花艺，组织线上云教学；我们准备涉足小众现场婚礼，便有人将设计小众现场婚礼的套餐内容放入计划；想要提升文案能力的，便安排自己写日记、看电影、读书；实习花艺师则安排自己去花市订货，尝试独自去决定如何搭配花材，不再依赖师傅们。

我们还开启了花艺师和客服的轮岗，目的是让双方更理解对方的工作，并且互相熟悉后有助于做好自身的工作。于是有花艺师轮岗当了两周客服后，发给我她认为从花艺师的角度来看客服这个岗位需要整改的一些内容，各点标注得清清楚楚。

我看了大家发来的个人计划，便把一些值得一提的点拎出来和朋友讨论，朋友继续说：你们的员工也太好了吧，我们的员工根本就没有做这些，这样的员工要去哪里找啊？

我问：你为员工做了什么呢？很多年轻人一腔热血但是迷茫乱转，作为领导者或者过来人，你为员工的成长提供了什么样的意见和建议？说实话我的员工，都是一点一点把技术磨出来的，毕竟其他人的技术都在那里，且不说做得不好不能留在不远，大家都做得好，自己做得不好那个感觉就很难受；思维层面则是耳濡目染，结合技术和思维，审美的面也就慢慢打开了。

我们每周开会总结上周工作、计划下周工作，我会把每个人的计划在我的笔记本上罗列出来，开会时逐步分析个中原因，完成后打钩。当你每周都在突破自己，比上一周变得更好的时候，3个月、半年后、一年后，变化会非常明显。

我们的一个实习花艺师，拿了3个月的实习工资后因为技术问题无法转正，我问她要继续留下来吗，她说要，因为她拿这3个月自己做的花与之前做的花做了对比，发现比在之前一家店做一年的进步还要大。员工愿意努力，是因为看见了自己的变化，以及知晓了只要自己肯努力，未来就会越来越好。

朋友感慨：确实是我做得不够。之后他在手机上记录了一大堆计划，决定重新开始实施。我也挺感慨，因为通过这次聊天，我发现我与我的团队，还真挺棒的。

2020年，不远成立的第七年。

不远的第七年，
我用世界观来寻找同类

想要说2019年，就要回顾2018去。我在2018年整个业务发展非常好的情况下，常规性地未雨绸缪，觉得2019年大概就没有这么好了，想如果这波浪潮过去了，我要怎么办。

然后，2019年年初的时候，我和团队开会，说希望这一年完成以下目标。

第一，从完全的零售中分一部分精力出来做商业订单。

有关商业订单这件事，梦梦、鱼子不止一次地问我：你为什么不做商业订单？你知不知道商业订单比零售好做太多？一个单子顶你做多少零售？

我当时担心的点在于，兰州有没有那么多的商业订单？内心默默开始了城市的比拼，认为他们在深圳、在成都、在北京，机会与资源太多了。另一个声音又响起来，兰州怎么了呢？你不做，怎么知道兰州市场不需要或者不接受？你不做，怎么知道兰州没有这样的客户？

但其实，一直到2019年8月，我才开始真正做了第一场商业花艺。

第一场之后，4个月的时间里，我们又做了13场。

前不久"花视觉"系列的主编约稿，让我做擅长的，我说我都不知道自己擅长什么。她说，商业花艺啊，我看你今年的商业花艺做得很好。

从不知道行不行，到被认为做得很好，其实只用了4个月的时间。

第二，我希望这一年团队里的每一个人都有飞跃式的进步。

每一个人不再是一颗"螺丝钉"，花艺师不再只会做花，客服不再只会接单。我希望每个人都可以是独当一面的人，不会就去学，需要什么支持我给，所以清欢就有了柚子的方案。我说做得不专业。去看专业的方案，学习排版，注意商业方案的措辞，清欢于是半夜摸索着做PPT提案。语言描述不清楚的时候，她就去画图，不会画图，就去学。方案里面开始有了手绘图，越来越清晰明了。她从只能做执行，到独立接商业订单，自己看场地、做方案、报价、进货、执行、撤场、结款、后续维护。

丹丹在年初会议上流着眼泪说：我一直找不准自己的位置，不知道究竟什么是我的擅长的东西。我说：采购你来负责吧。现在，她手里有着全国各地各种花材的供货商的联系方式，我说：我要这个。她说：放心，交给我。然后全国找货。反正，我需要的那天，花材就一定会以正好的开放度出现在我手边。

然后，香皂、蜡烛、手作课程，也让她负责了。从之前连休3天我都发现不了的"小透明"，到现在，2020年她还存着非常多2019年的假期。茜雯，面试哭，被客户投诉哭，开会哭，干啥都哭。我说，我们给彼此3年的时间，看看3年后我们会变成什么样，前提是我们信任彼此。员工拉面、拍摄、剪辑、配乐、活动、课程、管家、院子，他负责业务的细致程度排全店之最，刚把拍摄、剪辑的任务给他的时候，他说必须要专业的人才可以，自己根本不行。到现在，我一提起这个话题揶揄他，他就摸头嘿嘿笑。所有姑娘都"讨厌"他，因为他脾气差而且不会说话，可现在谁都离不开他。大家可以列举出拉面的种种"罪名"，可在我这个老板心里，他无可挑剔。

2019年的最后，为了布置一场大型商业活动，我们凌晨3点结束工作，早上6点起床继续去现场盯活动流程，紧跟着圣诞来临，所有人没有时间休息。

后来的一次小会上，拉面说他想说两句，然后忽然控制不住地哽咽，低着头想掩饰，说："我凌晨3点左右回到家，下车的时候双腿止不住地发抖。我心想，我一个男人都这样，这帮姑娘们不知道怎么撑下来的，一直撑到今天。"说完这句，他哽咽得说不下去，茜雯递给他两张纸巾，所有姑娘都跟着流眼泪。我起身进了工作间，拉上帘子，默默地红了眼眶。我们在这次的小会上，彻底改变了薪水制度，清欢说："这样发工

资，是不是对你有些不公平？"

我从一个理智的、从不失控的老板，那一刻变成了一个破釜沉舟的、只想与员工一起把全部力气聚起来，不管未来，只拼命做好当下的同行。

第三，精神层面的连接。

如果只是因为花，每个人都有太多的理由离开我们。那么，我们用什么建立起连接，才最有安全感呢？这一年里，我写了三十篇公众号文章（当然，比起专业做新媒体的平台还是太少），其中有二十篇都是在认真地用语言表达对世界的认知。当我们从精神层面产生碰撞与接壤的时候，那才是最美妙的连接。我不懂人情世故，不会讲场面话，我用世界观来寻找同类，这才是最稳固、明白的关系。

今天，回顾2019年，我敢说一句，我们做到了。

当然，作为主打业务的零售，业绩依然稳定。每一个节日的产品讨论会上，筛选确定、打样尝试、解决问题、产品上线、进入销售、派送、售后，每个人都紧紧盯着自己负责的范围，我们的差评率已经低到几乎为零。出现任何问题，我们都是第一时间担责处理，不光对客户这样，同事之间也从不推诿。这一年，我们算不清卖出去了多少份花，但我们愿为每一份信任承担责任。

每一年都一样，我要在这个众人皆知的困难的行业环境里，一点一点碰壁、解决、摸索、吃透、活下去，活得好好的，这样才敢给学生讲开花店究竟是怎样的一件事。

2020年，新的一年，我们又开了一次小会，确定了新一年的方向与业务范围、每个人的主导内容。给这个内容填充什么、投入什么、投入多少，是我2020年想看到的。每天都不容易，我听过太多的"太难了"，但那又怎么样呢？你要躺下吗？谁能替你站起来呢？你认真做事，真诚坦然，注重品质与细节，学会思考与共情，就一定有人看得到，也不必期待，他们自然会来。

比起要做什么样的事，
成为什么样的人更重要

我有许多的身份。我是我父母的女儿，是我孩子的母亲，是一个品牌的创建者，是一群员工的老板，是几位友人信任的朋友……未来应该还会有许多其他的身份。

在过往的几十年中，我对自己有着无限的期待。在平淡无奇的学生时代，我便莫名而坚定地认为，自己是不同的，即使谁都没有发现我的独特。我希望自己是一个勇敢的人，所以遇见喜欢的人会大胆表白。我希望自己是一个洒脱的人，所以十几岁的年纪开始独立旅行。我希望自己简单真实，所以从不撒谎，因为怕圆不回来。我希望自己可以不受管束，于是选择独自做事。

……

后来的许多身份，是在构建一个更丰富的我。

我这样定义生命。我们来这世上走一回，短短几十年，是来干什么的？大众希望年轻人安安稳稳，拥有"铁饭碗"，按照别人的轨迹一步不差地走相同的路，在差不多的年纪结婚、差不多的年纪生子，别人做什么你就做什么。但其实，最稳当的饭碗是自己的能力啊。那些特定的年龄里制式的行为，被冠上了正确的名号。可若是一辈子都活得正确，也挺没意思的。

昨天还有人问我认为生命的意义是什么，我迅速回答：用我喜欢的方式，去体验这世上的一切。世界太美妙了，有那么多美好或者悲伤的事情，去感受一切、享受一切，即使是痛苦，也是属于我的生命过程，因为有痛苦和悲伤存在，快乐才显得那么珍贵。我依然清晰地记得，大一的时候，我的一篇演讲稿中有一句话是：我希望未来可以对我的孩子说，妈妈没有虚度这一生。我在稿子的开头便写了关于梦想和理想的区别，说理想是大风天行逆船，梦想是夏日划小舟。到2020年，我有了两个孩子，觉得自己还真的兑现了那句话。

　　其实，那时的梦想到了现在，早已改变。但是若做一个没有梦想的人，也挺空虚的。有时候想，我现在所谓的实现梦想，真的是当时的我想要的吗？好像也不是，现在的我过得并不如曾经以为的那样开心。所以，再仔细想想，那时候自己到底要的是什么，现在走的方向与曾经偏差了多少呢？方向确实可以一直改变，但我们想要的真的是那样吗？

　　许多人不可避免地被长久以来的认知牵着走，为大家认为的好而努力，常常无法静下来好好想究竟想要什么，最后发现，即使搞清楚了自己到底想要什么，可总还是舍不得放下。你会发现，坚持挺不容易的，放弃甚至比坚持还难，最容易的是日复一日。有时还常常担心旁人看不懂，做什么事情之前，恨不得讲解得清清楚楚。这样的人，太在意别人的眼光，担心别人的话语，活得小心翼翼；渴望名声，又恐惧名声背后的那些特定时刻的崩溃。

　　创业这件事是我生命中的一件小事，但这件事给了我反复追寻的习惯与能力。一点点沉淀，一点点积累，不停地思考、自省、斟酌、审视，为现在的一切找寻逻辑根源，继而明白，未来若是要走向更高、更远的地方，其实最重要的是那一点点初心。把最早在心里汹涌的那一团力量保护好，只要那团力量在，走偏的时候还能回来。总会忍不住地想，最早，我究竟是为了什么？做这件事，只是在完成自己这件大事中一个节点。想要的人生与想要完成的事，永远在更高处，别被中途的节点迷惑，偏移了方向。

　　有时候，我会停下来仔细想想，我希望自己是一个什么样的人：坦荡、真实、能够客观欣赏，也勇于自我反省；敢于反驳观点，也可以一笑了之；懂得点到即止，也勤于追根溯源，不屑也敢争，骄傲也平和。再艰难的事，也需要解决；再顺利的当下，也终会过去。不同角度的我，都是我，每一个都是不同时刻我认为正确的状态。这些品质构建起人生的金字塔，只有品质稳定，才可以走得更远、更稳。做人的原则贯穿在做事的路途中，遇见与"我"相悖的行为时，心里会立刻喊停。

　　要清楚地知道，做"我"这件事，才是这一生中最重要的事。

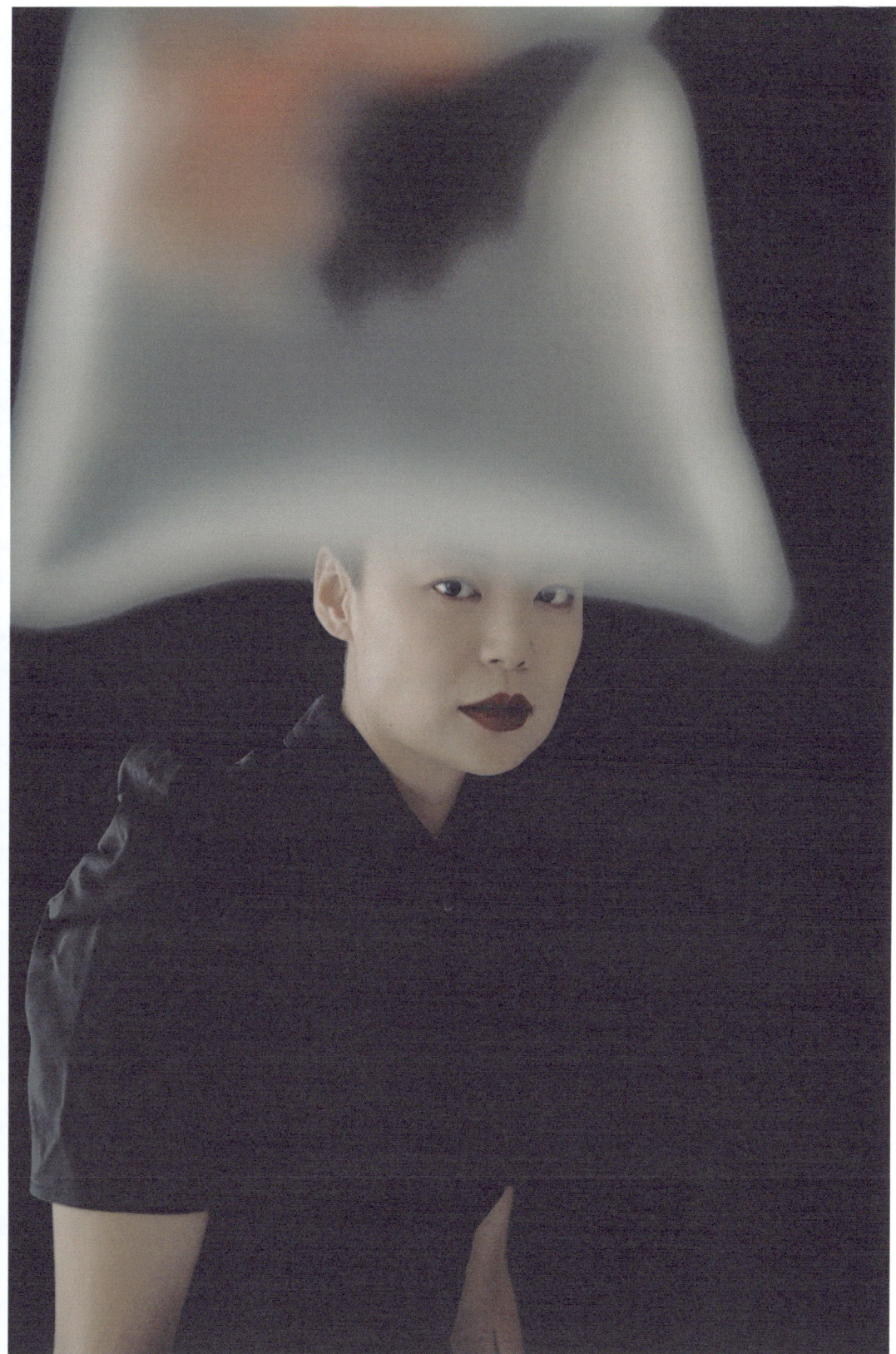

不远若曾给你力量

我在一个关于不远的视频里，说过我认为的品牌力量是什么。"我想让大家在特别难过的时候，特别没有力量的时候，只要一想起我们就觉得特别踏实，一想起我们就觉得特别有力量，这就是我想做的品牌。"如今再思考一遍，我对品牌力量的定义从来没有改变过。我不知道有没有真正带给大家力量，但不远实实在在带给了我力量。不远的意义，有传递，但更多是自勉。你想要什么，去前行，便离你不远。

不远像是我的另一个孩子。

成长的过程更是探寻自我的过程。在漫长的时间里，一点一点地看见自己、认识自己、了解自己，最后成为自己。

我收到过一些私信，那些细碎的表达，是连接了大海里漂浮的岛屿，给了彼此触碰的路径，让人通往、到达、连接。

成长是一个好课题。我时时刻刻都觉得这世界上有太多的东西可以探寻。有一天和员工聊天，他告诉我2019年最大的愿望是结婚。我说："结婚何时成了一个纯粹的目的？婚姻的真实目的难道不是找一个相处起来开心的人，一起走未来的路？若相处得好，便走得远一些，相处得不好，走一阵便分开。分开并不是一件大事。但分开后，若留下难以恢复的伤痕，才是一段婚姻里最令人讨厌的地方。感情强求不得，你做好自己，有一天，等那个人来的时候，别错过。"他说："老板，我觉得你变了，你以前是求而必得，现在怎么成了求而不一定得。"我仔细回想了一下，求而必得，讲的仅仅是自己，不牵扯别人；求而不一定得，是坦然面对生命里那些不可控的事件。

33岁的开始，我向着期望的样子前行，更平和、更自由。控制自己求而必得的欲望，面对生命里求而不得的无奈。这是更充盈的人生。

最后，我们做一个小小的征集。

若曾经有那么一刻，你的力量来自不远，请分享给我们。

想让大家在特别难过的时候，特别没有力量的时候，只要一想起我们就觉得特别踏实，一想起我们就觉得特别有力量，这就是我想做的品牌。

/ 建卓

在我眼里，不远总是明媚，总是爽利。

我知道那是自己永远成为不了的样子，但是只要每天在朋友圈里看见花、看见不远，心里的小火苗就仍跳跃着、燃烧着，照亮黑暗的角落。

/ 小小牧的一天

22岁的我因感觉自己没有一技之长时而感到迷茫，朋友推荐我学习了花艺，我接触到这个行业时知道了不远，在微博上更多地了解了这个品牌。从色彩、包装到性感干练的老板，都深深吸引我。如今我也有了一个自己的小花店，每当有顾客买好东西要派送时我都会问：远吗？她们回答不远时，我心里会有一种亲切感。你想要什么，保持前行，它便离你不远。这句话就是力量。

/ weiiii

/ 何鹰

我2014年给兰州的小姐妹定花时加了老师的微信，后来看着不远一步步走到现在。

毕业实习的时候我做过品牌文案和策划，还给不远投过简历，后来逐渐摸清自己想要的是什么，就开始计划开一家自己的花店。

创业初期我一直很焦虑，反反复复看了很多遍老师写的文字，慢慢学会从别人的认可中肯定自己，不再那么自卑。

所以不远给我带来的力量，一开始是审美，后来是精神支柱，到现在，我更想把这种力量传播给更多的人，让更多的人可以体会到，原来花艺可以这么美、生活可以这么精致。

我也曾经历过创业，而且就是那个在不断变换中失败的案例。

在我创业的起步阶段，因为不远给的支持和鼓励，我有了自己的第一批客户。在她身边，因她的果敢和鼓励开启自己全新生活的朋友不在少数，这就是她用行动带给朋友们的力量。

同样，用6年的时间成为行业标杆，将做花这一件事做好并不断加入更多元素的不远，让大家看到了她的这份力量。

她可能不是在你跌倒时问你疼不疼的治愈系朋友，但一定是你在黑暗处给你一束光、帮你走出黑暗的有力伙伴、同行者。

因为她，我也迈出了关于自我的那一步，终于主动选择了自己的人生方向。我不禁感叹，"做自己"的感觉真的很棒。

/ 瑾

我对于花的理解无非就是觉得好看，或者好闻，从来没有想过它会成为一种力量，或者更切合地说是一种生活的仪式感。

我从不远定了好多精心设计的花束，虽然自己一束也没收到，但是那些花儿却是我带给身边人的温暖。

闺密单身28年，时常感叹自己是遇了什么劫所以从来没有中意的人，也没有收过一束花儿，我从不远悄悄订了一束送到她单位；好朋友和谈了10年的男朋友终于修成正果，我从不远订了束捧花，愿她永远幸福；和老公结婚3年，他一直爱我、包容我，我从不远订了花盒送给他，感谢遇到他；朋友的造型工作室开业，我祝贺他一路打拼有了今天的成绩，于是订了开业花篮送给他。

收到花的每一个身边人告诉我的都是感动，我自己又何尝不是呢？感谢不远，在每一个平常的日子里带给我们不一样的喜悦和感动。

/ 束丘 | Fragrance

因为不远，我从烦琐又忙碌得让人怀疑人生的工作中找到了一片净土，每次觉得崩溃时总会被不远的鲜花和文字打动。直到有一天，我做了决定，报名到不远学习，从此人生有了新的一面。不远带给我的更多的是去尝试一切的勇气和对生活的热爱。因为向羽永远有种蓬勃向上的生命力，这便是不远的力量，如流水般沁入心田，悄无声息地成了一个榜样，一个我希望自己可以努力去成为的样子。

/ 龙猫

我从未改变过对不远的热爱，不自觉地想把不远的作品和故事分享给身边的人，想让每个人都认识不远，只因为喜爱。

目前为止我还没有见过向羽，但就是莫名被她身上的一种力量吸引，因为这是我所缺失的、不管在任何时候都能有向上的勇气和力量，即使遇到瓶颈期也会不断地通过各种方式渡过难关。这也是我在寻找的一种力量，如果有机会与向羽见面，我想和她来一个大大的拥抱。

/ 诗和远方

2017年我专门去了一趟兰州，就只是单纯地想去不远看看。早上起来查到地址，绕过几条小巷子，穿过天桥，不知道上上下下跑了多少回，终于找到了它，我仿佛像看见光一样！

从上台阶到跨进门，看房间里的摆件时，我的动作就可以用小心翼翼形容了，真怕一大声那些美好的东西就会被打破。

回来之后我就想，好的东西真不一定是在街面上、繁华处，或者多么富丽堂皇，但它一定是像磁铁一样，本身就带有吸引力、散发着光。我是一个很少去外地的人，但总有一些地方会带给人莫名的吸引力。这种吸引不是来自真实存在的物件，而是来自一种真实存在着的精神、连接、碰撞、共鸣。当你看到它的时候，感觉就像拥有了钥匙，那种可以带给人快乐、激动、满足、美好，甚至财富的钥匙。我虽不明白为何如此心潮澎湃，但我也想要做光，要努力让自己成为光。我要先照亮自己，如果可以，说不定还可以照亮别人。

/ 米禾

让一个有一些自负的人承认她受了谁的影响、干了什么，其实是一件不容易的事情。但是现在，我可以很大方地说，向羽对我的影响，不止是开店，还有很多……

其实当时两人结伴去学习花艺的时候，身为班长的我，自认为专业水平在她之上。后来短短两年时间，她的品牌知名度完全甩我一百八十条街。我当时一百个不服气，找了无数个理由安慰自己：人家在省会，你在小县城；人家离花市近，好花随便选，而你这儿连一个花市都没有；人家的顾客都是高素质，而你的顾客连订制花礼是啥都不懂；等等。

你看，人们总是习惯将自己的成功归因于自身，把失败归因于环境；而将他人的成功归因于环境，失败归因于其自身。明白的过程很缓慢，接受的时候很坦然。

我比向羽早两年当妈妈，她休息了28天出月子开工干活儿，我一直在家哺乳到第9个月。我当时在心里认为她是不负责任的母亲，而自己特别任劳任怨，既是好妈妈，还是好妻子。但其实当时的自己就是一个怨气很重的"老妈子"，还见不得人家现代女性为职业，为梦想付出，觉得自己是站在道德的制高点。其实回头想想，当时内心深处既沮丧又荒凉。记得当时向羽的一篇文章让我醍醐灌顶，瞬间清醒。她说，如何做母亲，我有自己的想法，我并不觉得生了孩子、做了母亲就要放弃追寻自我，而爱孩子就是要停止爱自己，我相信再小的孩子，都是有感受的，他们希望你是开心快乐、阳光自信的，所以我更愿意做一个带给他们力量的榜样式的妈妈。

那一刻，我明白了，内心的感受比外面的大道理重要；也是从那一刻起，我决定要跟自己和解。

两年前有顾客要学习花艺，我介绍她去不远，向羽纳闷地问我，找你学你为啥不教？我回答，家乡的市场有多大你又不是不知道，自己的蛋糕都不够吃，难道还要给自己培养出竞争对手吗？她说，你不教人家就不学了吗？一家店、一个品牌，要付出多少才能有今天的局面，你我都知道，生意是说抢就能抢的吗？心有多大，市场就有多大。

那一刻，在这个曾经的小妹妹面前，我觉得自己像一个无知的孩子。看着她，我明白了有一种魅力来自格局。

/ 不以山海远　壹良

认识不远3年，它从4个人变成十几人，从一间花房变成分享生活方式的集合空间，花艺、民宿、香氛等，这些浪漫的、诗意的、自由生长的东西被它纳入旗下。作为见证者之一，我看着它们被一点点实现。

在兰州的时候我不是常去店里，之后来了北京也很少有机会建立连接。但我莫名一直从不远的存在中获得能量，这是不远的奇妙之处，就是不论你在哪，都觉得离她"不远"。

但后来我发现，除了不远这个符号的能量，有一部分能量是来自不远的老板。

向羽是我认识的女性里，为数不多的活成了自己想要的模样的。她27岁从房地产公司辞职，风风火火地开了间花房，这几年如愿以偿地去了心仪的山川湖海，也拥有了一座无论春夏都很美的院子。

有时候我甚至觉得是她锁骨下面纹的荷鲁斯之眼一直在散发能量，不然怎么会一直热血满腔地向前探索，自在行走。

而说到底还是因为见证过来路的不易，才能由衷地感知到那些看不见的力量。

去年年末，我想念兰州的时候，常去看她写在知乎的那篇问答，话题是"一个女生无惧年龄追求梦想可以有多美好"，读着她这5年的变化，就能在地铁上旁若无人地流泪，这是充满力量的泪。

后来有一次和她聊天，当时的她在埃及旅行，她跟我讲起旅行的那段日子，说自己好像被打开一般。我在心底暗自为她开心，因为被打开不就是人生的佳境吗？

我不知道何时才能通往佳境，但内心却永远感激这些年来从外界获取的滋养。我们都渴望在旷野上听风声，在岸边闻海浪，想把自己一头扎进生活深情地活着，也想出离时间边界，分割世界与自己，清晰、明朗地与世界下棋。这一切终究让这个可爱的人做到了。

有一天凌晨我失眠得厉害，跟她发微信说，如果有一天我想离开北京了，就去兰州找你。

第二天醒来，她说，我等着你。

若从前那些细小、绵长的改变都不再提及，未来有一天我回到西北的旷野上，一定是因为不远的力量。

而终究有一天，你我可归山可入海，不以山海远。

若你开始探索，

人生便刚刚开始。